A MENTE TRÁGICA

ROBERT D. KAPLAN

A MENTE TRÁGICA

GUERRAS, REGIMES DITATORIAIS E ANARQUIAS – REFLEXÕES SOBRE O PODER

Tradução
FÁBIO ALBERTI

COPYRIGHT © FARO EDITORIAL, 2023
THE TRAGIC MIND BY ROBERT D. KAPLAN. COPYRIGHT © 2023 BY ROBERT
D. KAPLAN. BY ARRANGEMENT WITH THE AUTHOR. ALL RIGHTS RESERVED.

Todos os direitos reservados.

Avis Rara é um selo da Faro Editorial.

Nenhuma parte deste livro pode ser reproduzida sob quaisquer meios existentes sem autorização por escrito do editor.

Diretor editorial **PEDRO ALMEIDA**
Coordenação editorial **CARLA SACRATO**
Assistente editorial **LETÍCIA CANEVER**
Preparação **MARINA MONTREZOL**
Revisão **CRIS NEGRÃO E MARIO COUTINHO**
Capa e diagramação **OSMANE GARCIA FILHO**
Imagem de capa **ZEF ART, FRAME STOCK FOOTAGE | SHUTTERSTOCK**

Dados Internacionais de Catalogação na Publicação (CIP)
Jéssica de Oliveira Molinari CRB-8/9852

Kaplan, Robert D.
　　A mente trágica : guerras, regimes ditatoriais e anarquias / Robert D. Kaplan ; tradução de Fabio Alberti. — São Paulo : Faro Editorial, 2023.
　　128 p.

　　ISBN 978-65-5957-270-0
　　Título original: The tragic mind: Fear, Fate and the Burden of Power

　　1. Ciências sociais 2. Geopolítica 3. Política internacional I. Título II. Alberti, Fabio

23-0341　　　　　　　　　　　　　　　　　　CDD 300

Índice para catálogo sistemático:
1. Ciências sociais

1ª edição brasileira: 2023
Direitos de edição em língua portuguesa, para o Brasil, adquiridos por **FARO EDITORIAL**

Avenida Andrômeda, 885 — Sala 310
Alphaville — Barueri — SP — Brasil
CEP: 06473-000
www.faroeditorial.com.br

Para Jim Thomas

Ah, a fragilidade da alegria... Nenhum de nós é imune a ela.
E. M. FORSTER,
A MAIS LONGA JORNADA, 1907

O medo nos livra de muitos problemas.
GRAHAM GREENE,
UM CASO ENCERRADO, 1960

SUMÁRIO

Prefácio 11

1. A batalha do bem contra o bem. 15
2. A era de Dionísio. 29
3. Ordem: a suprema necessidade. 40
4. Ordem e obrigação devem ser cumpridas, mesmo quando são injustas. 50
5. A ordem gera conflito perpétuo entre lealdade à família e lealdade ao Estado. 55
6. O Estado se converte em fonte de ambição 64
7. Ambição e luta contra a tirania e a injustiça. 69
8. Os horrores da guerra. 74
9. A ameaça de guerra sempre ronda, por isso o fardo do poder é esmagador. 81
10. Guerras imperiais são decididas pelo destino. 88
11. A essência da tragédia deriva do sofrimento dos heróis 94
12. Somente o velho e o cego conhecem a verdade 99
13. Porque um bem combate outro bem diferente, nós temos consciência. 103
14. O tempo é ingrato. 108

Epílogo 111

Agradecimentos 115

Notas 117

PREFÁCIO

NA DÉCADA DE 1980, ESTABELECIDO NA GRÉCIA, EU PASSEI meus anos de formação como correspondente estrangeiro, cobrindo o Leste Europeu comunista, o Grande Oriente Médio e a África. Meu interesse nos gregos antigos e em sua influência sobre Shakespeare e sobre a literatura moderna foi despertado em Atenas, de onde eu viajava constantemente para ver as coisas que metiam medo nos gregos: caos e formas de organização tão radicais que na verdade eram variedades de caos.

Nada do que vivenciei foi mais aterrador do que o Iraque de Saddam Hussein. Na época, o Iraque era um vasto pátio de prisão iluminado por lâmpadas de alta potência. A tirania imposta no Iraque era de tal ordem que superava até mesmo a dureza do regime de Hafez al-Assad na vizinha Síria. Para mim, apenas um governo ditatorial se comparava ao de Sadam no Iraque: o da Romênia sob Nicolae Ceauşescu, mais uma região que fazia parte do meu trajeto. Em algum momento no verão de 1986, a polícia de segurança do Iraque confiscou o meu passaporte americano, e fui abandonado à minha própria sorte, vivendo com milícias curdas no Norte por dez dias. Testemunhei muitos horrores em minhas andanças pelo mundo, mas o que vi no Iraque de Saddam — com seus gigantescos *outdoors* com imagens do ditador espalhados por toda parte, seus vários serviços de inteligência, sua fama de prática de tortura em escala quase industrial e seus diplomatas mortos de medo em embaixadas no Ocidente (que diziam aos visitantes que não poderiam fazer nada por eles caso o regime os considerasse suspeitos) — alcançava um patamar de medo inigualável. Lembro-me da arquitetura monumental e hostil como dentes de dragão irrompendo no céu de Bagdá, celebrando a grandeza do ditador. A insinuação de violência era tão sufocante quanto o calor e a poeira do lado de fora dos extensos muros do palácio presidencial, protegidos por metralhadoras. Tudo isso me levou, na sequência dos atentados de 11 de setembro de 2001, a apoiar a Guerra do Iraque, mesmo preocupado com o destino que teria o país caso ocorresse a queda de Saddam.

Eu era um jornalista que havia se aproximado demais da história que pretendia relatar. Tinha deixado minhas emoções perturbarem a análise imparcial. Meu momento de compreensão se deu quando voltei ao Iraque integrado ao corpo de fuzileiros navais dos EUA durante a primeira batalha de Fallujah, em abril de 2004. Lá eu testemunhei algo ainda pior do que o Iraque dos anos 1980: a anarquia sanguinolenta de todos contra todos que o regime de Saddam, mesmo com sua brutalidade extrema, havia conseguido conter. A depressão clínica da qual padeci depois durante anos, em razão do meu engano quanto à Guerra do Iraque, levou-me a escrever este livro. Eu havia falhado em meu teste como pessoa realista — simplesmente na questão mais importante do nosso tempo, nada mais, nada menos! Dali em diante, sempre soaria em meus ouvidos a observação do filósofo medieval persa Abu Hamid al--Ghazali: um ano de anarquia é pior do que cem anos de tirania[1].

Passei minha carreira de quarenta anos como correspondente estrangeiro constantemente horrorizado com a violência mortal e sem sentido que vi bem de perto, não somente no Iraque mas também no Iêmen, no Afeganistão, em Serra Leoa e em outros lugares. Também testemunhei a tirania em níveis tão extremos — sobretudo na Romênia stalinista e no Iraque baathista, onde literalmente qualquer pessoa podia ser presa, torturada ou morta sem motivo algum — que com o tempo pude compreender que se tratava de anarquia disfarçada de ordem.

A anarquia era o maior e mais basilar medo dos gregos antigos. Os gregos eram racionais demais para ignorar o poder do irracional que residia no lado oposto da civilização. Eles não viam equivalência moral entre ordem e desordem. Na tragédia grega, um universo ordenado — o oposto do caos — é sempre uma virtude. O mundo moderno perdeu essa sensibilidade em meio às distorções monstruosas da ordem impostas por Hitler e por Stalin, o que ajudou a inspirar a ficção distópica de *Admirável Mundo Novo* (1932), de Aldous Huxley, e de *1984* (1949), de George Orwell — dois livros que retrataram regimes tão apavorantes que deram má reputação à própria palavra ordem.

Claro, uma vez que a ordem é imposta, a tarefa é fazer com que seja cada vez menos tirânica. Os pais fundadores dos Estados Unidos aferraram-se a essa questão e travaram debates encarniçados em torno dela. Essa ordem não tem substituto e, ainda que traga graves perigos, é uma das razões que levavam os gregos a considerarem o mundo profundamente imperfeito e mesmo assim belo.

Os gregos perceberam a grande importância de aprender a temer o caos para dessa maneira evitá-lo. Pois há muito que nós *não* sabemos sobre o que pode se abater sobre nós como nação e como indivíduos. O *Édipo Rei* de Sófocles ensina que nenhum homem pode ser considerado afortunado até que esteja morto — pois nada é certo, portanto nada pode ser dado como definitivo. O mesmo vale para uma nação. Em prol do futuro, os mais sábios entre nós estão cheios de medo. Isso vale principalmente para aqueles que detêm o poder e que decidem pela guerra ou pela paz. Líderes sensatos são aqueles que sabem que devem pensar tragicamente a fim de evitar a tragédia. Vladimir Putin jamais aprendeu essa lição, caso contrário não teria invadido a Ucrânia em hipótese nenhuma.

A tragédia grega emerge da necessidade do medo construtivo, ou da previsão apreensiva, e passa a abranger muito mais. Por exemplo, a verdadeira tragédia caracteriza-se por uma consciência dolorosa das poucas escolhas que se apresentam a nós, embora o cenário seja vasto. Esse é um mundo marcado por limitações. Ser autoconsciente é compreender, em determinada situação, o que é possível e o que não é. Essa autoconsciência geralmente surge tarde demais para modificar as consequências. O sofrimento e o paradoxo de uma pessoa com cargo elevado é que, embora ela tenha autoridade, as opções de que dispõe podem ser realmente atrozes.

A tragédia também aponta enfaticamente que não existe nada mais belo nesse mundo do que a luta do indivíduo contra grandes obstáculos, mesmo quando a morte o aguarda e a chance de que seja lembrado por muito tempo é pouca ou nenhuma. Isso determina a verdadeira grandeza do espírito humano, já que a luta sempre tem propósito e chance de êxito. Tragédia não é fatalismo nem tampouco tem relação com o quietismo dos estoicos. Tragédia é compreensão: a compreensão e o autoconhecimento que eu finalmente adquiri em Fallujah quando percebi quão errado estava a respeito do Iraque e por que estava errado. Mas quando uma pessoa pensa de maneira trágica desde o início, ela sempre teme o futuro e tem, portanto, consciência das suas próprias limitações — e assim pode atuar com mais eficácia. Meu objetivo aqui é inspirar, não deprimir.

Além disso, a tragédia grega não diz respeito à desgraça comum nem tem relação com crimes inacreditavelmente vis contra a humanidade. Nicolae Ceauşescu e Saddam Hussein, os dois monstros dos meus primeiros anos como correspondente internacional, jamais poderiam ser heróis trágicos, porque faltavam-lhes recursos para que adquirissem autoconhecimento. O herói trágico acaba descobrindo a sabedoria. Segundo a definição dos gregos, tragédia não é o triunfo do mal sobre o bem, mas o triunfo de um bem sobre outro bem que causa sofrimento. Remover Saddam Hussein foi algo bom, mas suplantado por um bem maior: a aparência de ordem. Mesmo o regime autoritário ilegal de Saddam não foi o pior caos que poderia ter atingido o seu país; sem Saddam, centenas de milhares no Iraque passaram a morrer violentamente. A tragédia diz respeito a objetivos moralmente defensáveis, porém incompatíveis, já que escolher o bem em vez do mal é muito fácil. Dessa maneira, eu omiti largamente o mal neste livro.

O Iraque foi um fracasso de dimensões quase literárias, não em razão do mal, mas porque nossos líderes perderam a capacidade de pensar tragicamente depois do fim da Guerra Fria. É essa sensibilidade que eu busco resgatar.

CAPÍTULO 1

A batalha do bem contra o bem

QUARENTA ANOS TRABALHANDO COMO CORRESPONDENTE estrangeiro ensinaram-me que a compreensão dos eventos do mundo começa com mapas e termina com Shakespeare. Mapas fornecem o contexto para os eventos e o vasto pano de fundo no qual esses eventos se desenrolam. Mas a sensibilidade necessária para compreender esses eventos — a capacidade crucial de perceber as paixões e os instintos de líderes políticos — é shakespeariana.

    A geografia é necessária para o estudo da cultura e da civilização e se constitui pelas experiências acumuladas de diferentes povos habitando determinados cenários por centenas de anos ou mesmo por milhares de anos. Os traços e tendências culturais não podem ser facilmente quantificados pela ciência política contemporânea, mas isso não diminui a importância deles. O mapa, em outras palavras, é a base de todo conhecimento. Eu convivi com mapas durante toda a minha vida profissional. Antes de viajar para um país estrangeiro a fim de realizar uma reportagem, a primeira coisa que eu fazia era consultar mapas. Os mapas mostram-nos oportunidades e limitações: alguns países têm litoral, e outros não têm; alguns países localizam-se ao longo das grandes linhas de comunicação marítima, e muitos não; alguns países têm cadeias de montanhas que dividem tribos e grupos étnicos, e muitos não têm; alguns países têm solo bom, outros não e assim por diante.

Contudo, o mapa por si só é muito fatalístico — motivo pelo qual o campo da geopolítica, estudado isoladamente, traz somente fatos de menor importância. Fatos de maior importância envolvem sempre o território do coração, no qual nós passamos pelo mapa e chegamos à cultura e à experiência histórica acumulada e, por fim, ao indivíduo.

Homens e mulheres não são partículas num tubo de ensaio cujo comportamento segue as leis da química e da física. Política internacional não é uma ciência exata. Há somente percepção, que pode ser aprimorada pelo estudo da geografia, de um lado, e pelo estudo da literatura, de outro lado, com grande ênfase na última à medida que envelhecemos. Historiadores entendem isso. Os melhores historiadores (e os melhores correspondentes estrangeiros da velha escola que conheci) habitam a conceituada dimensão dos escritores. Eles sabem que dentro de padrões elevados e determinantes há o caos imprevisível das interações humanas, guiado por redemoinhos tortuosos de paixão e de ação — de modo que grandes eventos podem despertar um gesto simples ou uma simples observação despretensiosa numa reunião de cúpula que revela o caráter de um líder político ao mesmo tempo em que volta para as forças estruturais profundas que historiadores e cientistas políticos podem estudar.

Não há geografia tão vasta e tão cheia de maravilhas e de possibilidades quanto a mente de Hamlet. Apenas pelo fato de pensar em voz alta, Hamlet rompe as divisões culturais e manifesta um universalismo que triunfa sobre a geografia.[1] Geografia é magnitude, escala; Hamlet é particularidade, minuciosidade. Em literatura, nós chamamos de "épico" tudo que incorpora esses dois elementos.[2] *Guerra e Paz* de Tolstói e *História da Revolução Francesa* de Carlyle são dois exemplos de cenários imensos e avassaladores que mesmo assim trazem o detalhe preciso de indivíduos que tentam determinar os seus próprios destinos.

Porém, algo ainda mais fundamental une geografia e Shakespeare: algo que purifica o drama de todos esses elementos que interagem — mapa, civilizações, história e indivíduos — e que desse modo regula a sublimidade dos épicos literários, não importa quão vasto seja o seu escopo. Esse algo é a tragédia, dentro de cujas fronteiras opera tudo o que se relaciona à literatura, à natureza humana e aos acontecimentos do mundo. A tragédia inicia com a dolorosa consciência das poucas escolhas que temos diante de nós, por mais vastas que sejam as perspectivas: a compreensão de que nem tudo é possível, independentemente das condições que se apresentam. Esse é um mundo de limitações, tanto humanas quanto físicas. Ser autoconsciente é compreender o que de fato é possível e o que não é possível em dada situação. E essa autoconsciência muitas vezes surge tarde demais para afetar o resultado. Nas palavras de Heródoto: "Somos escravos da necessidade. Essa é a mais dura dor dos seres humanos: saber muito e nada controlar".[3] No entanto, nós não temos alternativa a não ser seguir em frente. A análise é o processo por meio do qual fazemos escolhas difíceis.

Tudo isso diz respeito somente ao que nós sabemos *de fato*. Existem muitas coisas que não sabemos nem podemos saber. Quando o líder de um país poderoso toma a decisão de iniciar um ataque militar, ignorando toda a avaliação dos serviços de informação ao seu dispor, muitas vezes ele opera sob uma nuvem de incerteza quanto às intenções dos adversários do seu país. Vladimir Putin estava operando às cegas na véspera da invasão da Ucrânia, em meio a uma nuvem de dúvidas especialmente densa porque seus subordinados temiam uma conversa franca com ele.

Como já mencionei anteriormente, o *Édipo Rei* de Sófocles nos diz que nenhum homem pode ser considerado afortunado até o momento da sua morte, pois nada é certo, portanto nada pode ser tomado como definitivo. A catástrofe pode atingir a mais poderosa e bem-sucedida das pessoas a qualquer momento, reduzindo a cinzas a mais encantadora e privilegiada das vidas. Estamos à mercê do destino — o que os gregos chamavam de *moira*, "a parte que cabe a cada um" — e por isso necessitamos de capacidade de previsão para nos proteger do orgulho.[4] Isto é, nós devemos nos empenhar para pensar tragicamente a fim de evitar a tragédia. Somente por meio da previsão apreensiva — a consciência de que as circunstâncias que nos cercam podem sempre mudar drasticamente e para pior — é que aprendemos a modéstia e nos libertamos da ilusão. Por isso é que pessoas vaidosas e arrogantes são também pessoas tolas. A tragédia, segundo o filósofo Arthur Schopenhauer, expõe "a futilidade de todo empenho humano".[5] O pensamento trágico, que incorpora essa compreensão, se dá quando uma pessoa descobre quem ela mesma é antes de ser forçada a aprender a dura verdade sobre si própria em meio a uma crise. Sir Maurice Bowra, consagrado estudioso do período clássico do início do século vinte, certa vez observou que os gregos antigos sabiam que a grandeza humana se destaca mais no desastre do que no triunfo.[6] É por esse motivo que eles associavam o ideal heroico ao ideal trágico.

A tragédia não se resume a luto — ela é muito mais do que isso. A tragédia não diz respeito ao triunfo do bem contra o mal: ao contrário disso, representa a luta gloriosa contra forças invencíveis que conduz a uma nova consciência sobre nossas vidas e santifica a existência humana. Como eu já afirmei, escrevendo sobre a tragédia em relações internacionais, meu propósito é inspirar, não deprimir.

A palavra *tragoidia* (de *tragos* ou "cabra") talvez tenha se originado do fato de que o coro em diversas peças gregas se vestia com couro de cabra. Nietzsche, repetindo Friedrich Schiller, escreve que o próprio coro é o alicerce da tragédia grega, pois existe no palco como uma "parede viva... para deixar de fora o mundo real e proteger o seu território ideal".[7] Isso se alinha com o entendimento de Hegel de que a tragédia grega é sinônima tanto da anarquia como do esplendor da Idade Heroica, quando os homens tinham de se valer dos seus próprios recursos porque não existiam estruturas institucionais de Estado para protegê-los.[8] Nada disso deveria soar irônico ou contraditório. Como podemos notar, pensar tragicamente não traz nada necessariamente negativo (nem mesmo desanimador).

A tragédia foi fundamental para que os gregos se tornassem grandes — e, portanto, fundamental para a invenção do Ocidente. A mesma civilização que inventou a mente trágica derrotou o Império Persa. A tragédia, que é a base da autoconsciência e significa a perda da ilusão, é necessária para o desenvolvimento da individualidade, que se manifestou primeiramente na Grécia clássica e acabou levando ao surgimento da democracia no Ocidente.

A grande historiadora norte-americana Edith Hamilton, escrevendo em 1930, explicou que a tragédia é a beleza das verdades intoleráveis e que (como já mencionei, e como Hegel mostrou em sua *Filosofia do Direito*) a tragédia real não é o triunfo do mal sobre o bem, mas sim o sofrimento causado pelo triunfo de um bem sobre outro bem — e pelo triunfo de um indivíduo ético sobre outro indivíduo ético.[9] A tragédia nasceu quando os gregos antigos perceberam que há "algo irremediavelmente errado no mundo" e que tal mundo deve ser considerado "belo ao mesmo tempo". "Os grandes artistas trágicos do mundo são quatro", Hamilton afirmou (novamente em conformidade com Hegel), "e três deles são gregos": Ésquilo, Sófocles e Eurípides. O quarto era Shakespeare, evidentemente.[10] Precisamente porque a Atenas de Péricles e a Inglaterra elizabetana foram períodos de "incalculáveis possibilidades" — e não períodos de "trevas e descontentamento" — a ideia da tragédia pôde florescer. Suas plateias, separadas por mais de 2 mil anos, ficavam assombradas diante da luta heroica e muitas vezes inútil contra o destino, mesmo quando estavam em posição — devido ao seu bom, porém instável, fado — de aceitá-lo com serenidade. (Lembre-se de que a maior tragédia de todas, o *Édipo* de Sófocles, foi escrita no auge do poder de Atenas, sob o governo de Péricles.) É preciso deixar claro que a tragédia não é crueldade nem miséria propriamente ditas. O infortúnio normal é apenas superficial e vagamente trágico, já que o infortúnio, nas palavras de Schopenhauer, "costuma fazer parte" da vida.[11] O holocausto e o genocídio em Ruanda não foram tragédias: foram imensos e abomináveis crimes. Não representaram a luta de um bem contra outro bem, cujo relato nos eleva o espírito: foram simplesmente demonstrações de grande maldade. "A dignidade e a importância da vida humana — desses dois elementos, e deles apenas, a tragédia jamais se afastará", observa Hamilton. Portanto, a sensibilidade trágica não é pessimista nem cínica: pelo contrário, tem mais a ver com bravura e paixão suprema. A incapacidade de pensar tragicamente é algo "sórdido", escreve Edith Hamilton, pois despoja a vida de importância.[12]

Os gregos antigos conseguiam enxergar o mundo com clareza, por isso reconciliar opostos não era difícil para eles. F. L. Lucas, estudioso dos clássicos de Cambridge e contemporâneo de Bowra, escreveu que "a tragédia ocidental" teve em seu nascimento "a grandeza do homem e, ao mesmo tempo, a sua infelicidade".[13] Embora os gregos aceitassem injustiça e destinos horríveis como algo totalmente normal, eles também podiam sentir a aflição do mundo no nível mais profundo. Eurípides, por exemplo, era um rebelde e lutava contra o sofrimento humano, defendendo incessantemente a inviolabilidade do indivíduo. O humanitarismo não começou apenas com o profeta hebreu Isaías, mas também com Eurípides. Em última análise, isso explica o poder misterioso do texto humanitário nos dias de hoje. Protestar repetidamente contra a inércia em face da violência e da injustiça — e fazer isso mesmo quando são parcas as chances de que os seus apelos sejam ouvidos e colocados em prática por políticos e autoridades e mesmo quando não há sinais claros de que exista um interesse nacional na realização dessa ação humanitária — ainda atrai um grande e elogioso público. Realistas, que enfatizam os interesses amorais do Estado, reagem ao tributo público prestado aos humanistas com aborrecimento e perplexidade. Mas eles não deviam se ofender nem se surpreender. Eles precisam apenas ler ou assistir à exibição de *As Troianas*, de Eurípedes, e experimentar o prazer que por mais de 2.400 anos os espectadores extraíram dessa tragédia sobre o sofrimento de civis numa guerra, a fim de compreender o funcionamento da sensibilidade trágica. Como seres humanos, nós nos comovemos diante de uma grande injustiça, mesmo quando não podemos fazer muita coisa para corrigi-la, e chegamos até a sentir certo prazer com nossa própria reação. (Para entender o que eu quero dizer, basta ouvir o "Coro dos Escravos Hebreus" no *Nabucco* de Verdi.) Não é hipocrisia, mas de desejar uma moralidade mais elevada, que os antigos gregos e elizabetanos transformaram numa forma de arte. "Nós fazemos arte", escreve Nietzsche, "para que a verdade não nos mate".[14]

Muitos humanistas não compreendem inteiramente a sensibilidade trágica. Eles não aceitam que os seus adversários realistas e durões sejam também motivados pela verdade: uma verdade diferente, que é também moral. O estadista deve lealdade em primeiro lugar aos cidadãos do seu território, cujos interesses devem ter prioridade sobre interesses universais mais amplos. O Estado vem antes da humanidade, em outras palavras, principalmente em democracias cujos cidadãos decidem quem os lidera. Eis como o triunfo de um bem sobre outro bem causa sofrimento. É o que está irremediavelmente errado no mundo, o que os gregos sabiam que não tinha conserto.

Alguém poderia discordar disso, sem dúvida, mencionando decisões individuais tomadas em meio a crises nas quais interesses nacionais poderiam muito bem se alinhar a interesses humanitários se os líderes políticos fossem sábios o suficiente para perceber isso. Mas o ponto principal continua válido. Interesses nacionais e humanitários estão frequentemente em conflito e nem mesmo os mais sábios humanistas podem estar certos o tempo inteiro: nisso é que reside a tragédia.

Acreditar que o poder dos Estados Unidos pode sempre corrigir o mundo é uma violação da sensibilidade trágica. Ainda assim, figuras importantes que decidem nossa política externa em Washington aderiram a esse pensamento. Porque a política em si mesma é um processo que busca aprimorar — e se possível corrigir — inumeráveis problemas no exterior, a elite pressupõe que todos os problemas podem ser resolvidos e que discordar disso constitui fatalismo. Se isso fosse verdade, porém, a tragédia não existiria. Tragédia significa tentar bravamente consertar o mundo, mas apenas dentro de limites, com a consciência de que muitos esforços são comoventes e trágicos precisamente porque são inúteis. Tendo em vista que habilidade política diz respeito acima de tudo a disciplina e a escolhas difíceis, os maiores estadistas devem pensar tragicamente. Eles pensam no futuro com previsão apreensiva, a fim de evitar os piores resultados. Se, como Henry Kissinger disse certa vez com sarcasmo, as elites americanas são inigualáveis em seu desdém por realismo e realistas, só pode ser porque elas não têm senso do trágico: não têm nenhuma consciência de que o esforço não visa apenas à busca por justiça, mas à busca por atenuar o mal num mundo intratável. Há muitas maneiras de fracassar, e algumas são melhores do que outras.

Abraham Lincoln e Franklin Roosevelt tiveram sensibilidade trágica em abundância. Lincoln causou conscientemente um sofrimento terrível aos civis do Sul em 1864 para realizar o bem maior de dar fim à Guerra Civil de forma definitiva. Roosevelt enviou ajuda militar ao assassino em massa Stalin a fim de que ele derrotasse o assassino em massa Hitler. Muitas vezes a tragédia significa aceitar um mal menor. Tal mentalidade foi muito menos necessária quando os Estados Unidos eram protegidos por dois oceanos, nas décadas e séculos antes de Pearl Harbor. Mesmo depois de Pearl Harbor, o poder geralmente estava nas mãos de veteranos de guerra, de Harry Truman a Dwight D. Eisenhower e George H. W. Bush, cujo idealismo e determinação para tornar melhor o mundo foram felizmente abrandados por vigorosas experiências de rito de passagem com conflito violento. A atual elite política, por outro lado, compreende a geração mais segura fisicamente e financeiramente da história dos Estados Unidos. Eles podem ter sofrido como indivíduos, mas não como grupo (do modo como sofreram as gerações anteriores), o que explica a sua dificuldade em pensar tragicamente. No verão de 2021, o presidente Joe Biden e seus conselheiros não pensaram de modo suficientemente trágico a respeito da retirada das tropas norte-americanas do Afeganistão que haviam ordenado. Eles não consideraram os cenários mais pessimistas, e sobreveio o caos.

Aceitar a tragédia significa saber que muitas vezes as coisas correm mal e frequentemente têm consequências inesperadas. Jovens veteranos do Afeganistão e do Iraque sabem disso melhor do que muitos políticos mais velhos em Washington que jamais vestiram um uniforme nem participaram de reportagem sobre uma guerra. É por isso que os estudantes mais sofisticados emocionalmente com os quais me deparei como professor haviam passado por escolas militares. Os intelectuais europeus que migraram para os Estados Unidos no início e na metade do século vinte — pessoas como Robert Strausz-Hupé, Hans Morgenthau, Zbigniew Brzezinsky e Henry Kissinger — traziam consigo essa sensibilidade trágica em virtude de suas próprias experiências de vida. Como Morgenthau escreveu, "Para melhorar o mundo é preciso trabalhar com" as forças mais básicas da natureza humana, "não contra elas".[15] Isso não é cinismo nem pessimismo, o que não teria nada a ver com tentativas de fazer avançar a humanidade; é, isso sim, sensibilidade trágica que reconhece que, por existir algo irremediavelmente errado com o mundo, o herói precisa de toda a astúcia que tiver. Maquiavel, é claro, foi um dos primeiros a trazer essa concepção para o pensamento político ocidental.

A geopolítica — a batalha por espaço e poder que se desenrola num ambiente geográfico — é inerentemente trágica. A formulação de políticas, que busca consertar o mundo, não é. Mas a sensibilidade trágica é uma fusão de fatalismo *e* empenho, portanto o estadista de sucesso necessita de ambos. Acreditar apenas em geopolítica é banal e cínico, mas promover soluções políticas sem levar a geopolítica em consideração é arrogante e ingênuo — o mapa, sem dúvida, impõe limites. Pensar tragicamente significa ver o mundo e as relações internacionais como um todo, em todos os seus aspectos. "A plenitude da vida", escreve Hamilton, "está nos riscos da vida".[16]

Não seria difícil produzir listas de escritores que (além dos gregos e de Shakespeare) retrataram de forma sublime a sensibilidade trágica em todos ou em alguns dos seus aspectos: Fiódor Dostoiévski em *Os Demônios*, Joseph Conrad em *Lord Jim*, George Eliot em *Daniel Deronda*, Lord Alfred Tennyson em *Locksley Hall* e Henry James em *The Princess Casamassima* são alguns exemplos que posso mencionar. Contudo, o escrito que parece se aproximar mais perfeitamente da objetividade dos gregos antigos não é ficção nem teatro, mas sim uma obra de filosofia política: *Os Artigos Federalistas*, de Alexander Hamilton, James Madison e John Jay. Como os gregos do século V a.C. e os elizabetanos do século xvi e do início do século xvii, os fundadores da república norte-americana, no final do século dezoito, viveram num tempo de esperança e de grandes possibilidades. Foi exatamente graças à sua boa sorte — juntamente com os grandes riscos pessoais que assumiram na Revolução — que eles puderam enxergar todos os perigos ligados ao seu experimento político. Eles permitiram que uma nação de otimistas seguisse o seu rumo apenas pelo seu pensamento trágico sobre a condição humana e por estarem eles próprios impregnados dos clássicos gregos e romanos.

Eis o que escreve Hamilton no artigo federalista número 6: "Os homens são ambiciosos, vingativos e vorazes. Buscar... harmonia entre vários reinos independentes e isolados, situados na mesma região, seria desprezar o curso uniforme dos eventos humanos e rejeitar a experiência acumulada de gerações". E Madison no artigo número 10: "É tão forte a propensão da humanidade a se entregar à animosidade mútua que, mesmo onde nenhum pretexto sólido se apresenta, a mais frívola e fantasiosa contrariedade basta para despertar os mais intensos sentimentos hostis e os mais violentos conflitos". Ele prossegue e a certa altura diz que "as *causas* da discórdia não podem ser suprimidas e... controlar seus *efeitos* é a única maneira de obter atenuação".[17] *Os Artigos Federalistas* têm essa mesma intensidade do princípio ao fim. Eles são um exercício para o ato de pensar tragicamente — implacavelmente — a fim de impedir a tragédia.

Os Fundadores se preocupavam tanto com o caos quanto com a tirania. Também nesse aspecto, eles aderiram à tradição grega. "Poucos povos valorizaram a razão tanto quanto os gregos", escreve F. L. Lucas, "mas eles [os gregos] eram sensatos demais para ignorarem o poder do não racional... Para esse lado não racional do espírito humano, eles criaram um símbolo imortal — Dionísio." Dionísio era o "Deus-patrono da Tragédia", o deus ao qual se associava o coro trágico do teatro. Ele era o deus da emoção, do êxtase, dos sonhos, das fantasias e em última análise do caos.[18] Churchill, que passou boa parte da sua vida estudando história e escrevendo sobre história e testemunhando guerras coloniais em primeira mão como soldado e correspondente de guerra, teve uma intuição sobre Dionísio. Churchill tinha uma imaginação histórica fértil; participou de um dos últimos ataques de cavalaria da história em 1898, no Sudão, e encontrou monstros quando era jovem. Assim, ele percebeu quem Hitler era antes de qualquer um dos principais líderes britânicos.[19] O falecido classicista de Harvard Charles Segal escreveu que a tragédia existe como uma forma de arte para que "não nos esqueçamos das dimensões da vida" que existem para além das estruturas da civilização. Sem "a penosa possibilidade de entender a vida como caos", nossa ordem civilizada "se tornaria estéril, confinada em si mesma, solipsista", e nós nos tornaríamos arrogantemente orgulhosos do nosso próprio poder intelectual.[20] A tragédia representa o esforço para arrancar significado e ordem da selvageria e da anarquia. Carlyle descreveu a Revolução Francesa como o derradeiro drama trágico da política — um drama sem solução, ao que parece —, já que se tratava da "Anarquia contra a autoridade corrupta desgastada".[21]

Mais uma vez, no interior desse amplo panorama permanece o indivíduo, vastas multidões de indivíduos, heroicos com bastante frequência. Aos olhos de Shakespeare, o supremo herói trágico do seu tempo — alguém que recusou se envolver com a política medíocre praticada na época e assim acabou condenado à decapitação — foi o Conde de Essex: um líder militar ambicioso e carismático que no entanto falhou e fez isso de maneira trágica.[22]

A sensibilidade trágica supõe que não existe nada mais belo no mundo do que a luta do indivíduo contra grandes dificuldades, mesmo que isso lhe custe a vida. A mortalidade, escreveu o filósofo espanhol Miguel de Unamuno, em 1912, reside na origem da sensibilidade trágica. Segundo Unamuno, Flaubert identificou na antiguidade um tempo em que as pessoas deixaram de acreditar sinceramente em deuses pagãos, mas muito antes do completo surgimento do Cristianismo — o período entre Cícero e Marco Aurélio: "um momento único, no qual o homem se viu sozinho", com uma breve expectativa de vida e nada a sua espera após a morte. Nunca, nem antes nem depois, Flaubert escreve, o espírito humano foi invadido por tamanha "grandeza".[23] O poeta grego C. P. Cavafy escreve de forma comovente a respeito do exemplo dos heróis gregos da Batalha das Termópilas, que enfrentaram a morte certa e foram derrotados. *Grandeza*, dessa maneira, é a própria essência da tragédia.

A mais impressionante e densamente brilhante interpretação da tragédia de que tenho conhecimento é a *Sophoclean Tragedy* de Maurice Bowra, publicada pela primeira vez em 1944. Minha brochura de *Sophoclean Tragedy*, uma reimpressão de 1965, desbotada e caindo aos pedaços, é protegida por uma capa de plástico transparente, pois eu tiro constantemente esse exemplar da estante em busca de uma citação ou de uma ideia, vasculhando-o como outros vasculham Tucídides. Bowra combateu em Passchendaele e em Cambraia e "foi enterrado vivo quando uma trincheira desmoronou", escreveu um biógrafo; ele "viu a morte, sentiu o cheiro de morte todos os dias". Ele saiu da Primeira Guerra Mundial com um profundo asco da guerra e de estrategistas militares. Contudo, sempre acreditou no senso de dever e, consequentemente, odiava o pacifismo também. Numa visita à Alemanha, Bowra viu Hitler em carne e osso discursando para uma multidão; tornou-se um odiador da conciliação.[24] Assim como Churchill, ele esteve face a face com demônios, e essa familiaridade foi vital para a qualidade do seu pensamento e da sua escrita.

A experiência de vida ou a falta dela continua a definir gerações de acadêmicos. Eu sei que qualquer que seja o valor do meu próprio trabalho, se é que tem algum, esse valor é consequência não somente dos livros que li, mas também dos lugares pelos quais passei e das circunstâncias que vivenciei pessoalmente como correspondente estrangeiro: os regimes tirânicos do Leste Europeu comunista durante a Guerra Fria, o caos na Libéria e em Serra Leoa nos anos 1990, a tirania e o caos na Síria e no Iraque nos séculos XX e XXI e assim por diante. O caos é particularmente difícil de comunicar, a menos que se tenha vivido de perto a sua realidade de embrulhar o estômago. Não há nada como a memória da total vulnerabilidade física para tornar concentrado o pensamento de alguém — para saber da maneira mais vívida e substancial o que exatamente é a guerra, o que é a tirania e o que é o caos. Em minha opinião, as ideias de Bowra, bem como as dos seus contemporâneos, são mais valiosas do que as de muitos acadêmicos dos dias atuais que jamais conheceram a insegurança física e econômica — e que jamais conheceram a humilhação moral. A minha própria humilhação moral é saber que um livro escrito por mim acabou involuntariamente motivando uma demora na reação de um presidente ao genocídio nos Bálcãs, além de saber que eu ajudei a promover uma guerra no Iraque que resultou em centenas de milhares de mortes. Esses dois fardos tiraram-me o sono durante décadas, devastando-me, às vezes, e me estimularam a escrever este livro. (Ficará a cargo do leitor julgar se tais infortúnios dão-me alguma qualificação para fazer isso.)

Bowra, como Hegel e Edith Hamilton, sabia que os maiores escritores de tragédia foram os gregos e Shakespeare. E como todos os estudiosos que eu citei, Bowra sabe que na origem da tragédia, tanto da grega quanto da elizabetana, há "abruptas e imprevistas mudanças no destino, o que atrai profundo interesse e simpatia" e "proporciona paz", apesar de todo o "horror" envolvido. Mas ele também nos informa a principal diferença entre os gregos e Shakespeare. Enquanto os dramaturgos trágicos gregos retratam os homens diante dos deuses, Shakespeare retrata homens e mulheres bons e maus em conflito uns com os outros. Os gregos são religiosos, ao passo que Shakespeare não é. Como escreve Bowra, "Em todas as peças de Sófocles os deuses participam de maneira ativa, senão decisiva. Sua vontade é feita, ainda que os homens ofereçam resistência". Em Shakespeare, porém — apesar de momentos sobrenaturais, como as aparições de bruxas em *Macbeth* e do Fantasma em *Hamlet* —, o mal que arruína completamente personagens como Lear e Otelo "não está escrito nas estrelas"; esse mal está na própria deficiência de caráter de ambos. Em Sófocles (talvez mais em Ésquilo e menos em Eurípides), os homens são arquétipos, portanto são feitos essencialmente do mesmo molde rudimentar.[25] Em Shakespeare, contudo, não é apenas Hamlet que é amplamente percebido como um indivíduo cujos infortúnios devem ser inevitavelmente autoinfligidos. Também são assim Iago, Lear, Macbeth, Cleópatra e todos os outros que integram as suas peças. Existe na literatura algum personagem mais realista e singular do que Iago? O diabo encarnado, ele é valente, ousado e insolente; um verdadeiro gênio do requinte e da manipulação que existe somente para fazer maquinações e destruir outras pessoas. Existe alguma pessoa tão boa e tão completamente benigna nesse mundo quanto Cordélia, filha de Lear? E existe alguma pessoa tão apaixonada quanto Cleópatra? Para Shakespeare, caráter é destino. Para os gregos, os deuses são destino.

Tomados conjuntamente, os gregos e Shakespeare abarcam tudo o que é arquetípico e tudo o que é humano, tudo o que é bom e tudo o que é ruim. Eis a vida em plenitude, e nada traz isso à tona — nada disseca a máquina do destino com uma simplicidade tão espantosa e absoluta — como a mente trágica em ação. Ela prolonga e tolera o sofrimento para que no final a ordem possa triunfar sobre o caos, e o mundo possa encontrar alguma consolação.

Tolerar o sofrimento é uma condição dura e desagradável com a qual a sensibilidade trágica, de qualquer modo, pode viver. Ela não pode, como eu disse, viver com crimes indescritíveis que existem para além do âmbito da tragédia. A mente trágica é profundamente humana, mesmo sendo profundamente realista. Na visão de Hegel, a tragédia apela ao espírito porque ela própria consiste num conflito do espírito. As estátuas dos deuses são sublimes somente quando eles estão sozinhos e em contemplação, não quando estão em conflito uns com os outros.[26] O feito dos gregos foi nos mostrar que isso não é contraditório.

Neste livro, eu defendo que se pense tragicamente a fim de se evitar a tragédia. Fazer isso exige uma jornada aos cânones gregos e shakespearianos e também uma jornada às partes do cânone ocidental moderno mais pertinentes às difíceis verdades identificadas pelos antigos e pelos elizabetanos. Por exemplo, temos os alemães que, no século XIX, se concentravam obsessivamente em filosofia a fim de não competirem com o gênio múltiplo de Goethe, que dominou todos os outros gêneros literários por tanto tempo.

Eu não serei um guia convencional nessa jornada. Meu conhecimento advém de décadas de intensa experiência observando de perto a guerra, a anarquia e a opressão na Eurásia e na África, desde o Iraque até a Romênia e Serra Leoa — sem mencionar o que provém dos meus erros e infelicidades profissionais. O que me estimulou a explorar as grandes obras da história e da literatura foi um anseio por dar sentido ao que eu havia visto e vivenciado. Valendo-se da ficção um escritor pode contar a verdade mais facilmente, deixando que personagens imaginários expressem as suas reais crenças. É por esse motivo que nenhuma metodologia de ciência política pode se comparar com as percepções dos gregos, de Shakespeare e dos grandes escritores. E as suas mais poderosas e profundas percepções situam-se todas no caldeirão da tragédia, o qual contém a chave para a compreensão de um mundo em sublevação, onde a luta contra o caos de Dionísio é implacável.

CAPÍTULO 2

A era de Dionísio

OS MECANISMOS DA NATUREZA SÃO A UM SÓ TEMPO "IMPRE- visíveis e inelutáveis", escreveu o falecido crítico literário britânico Tony Tanner. Ele descreveu a queda e a destruição de Coriolano, que mesmo contando com brutal poderio e autoridade, acabou esmagado por uma máquina chamada destino na última grande tragédia de Shakespeare.[1] A tragédia é a compreensão de que a ordem humana das coisas é perturbada por tais mistérios, e assim a mente trágica lida com as contradições ocasionadas pelo lugar da humanidade na natureza.[2] E o lugar da humanidade na natureza, o fato de que nós podemos existir apenas dentro da natureza — não exclusivamente num mundo majestoso de tecnologia e escolha racional — é demonstrado pela constatação de que nosso comportamento e nossas decisões são influenciados por mecanismos emocionais e instintos físicos que nós mal controlamos, sejam quais forem as nossas pretensões.

É por esse motivo que Dostoiévski e Conrad provocam em seus leitores um impacto tão perturbador. No *Crime e Castigo* de Dostoiévski, não apenas Raskólnikov como muitos dos personagens são desleixados, têm impulsos autodestrutivos e se entregam a ilusões e a manifestações de arrebatamento, mas nós nunca duvidamos da verdade da existência deles. *Sob os Olhos do Ocidente*, de Conrad, é ambientado num mundo irracional de anarquistas russos em Genebra às vésperas da Revolução Russa, retratando nada menos do que bestas humanas na selva. Dostoiévski e Conrad — ambos eslavos, vindos de além dos confins da Europa Ocidental — compreendem o mundo como os gregos, com suas próprias influências ocidentais, compreendiam: eles sabiam que se não for dado ao irracional o seu devido lugar, o mundo humano — e o que provavelmente acontece nele — simplesmente não pode ser entendido.[3]

Os dramaturgos gregos prestam homenagem ao misterioso, ao incompreensível e ao irracional. Os próprios coros antigos eram "o símbolo da multidão na agitação dionisíaca", nas palavras de Nietzsche, celebrando explicitamente Dionísio, o deus do caos e do êxtase, em festivais teatrais organizados para homenageá-lo.[4] Isso não significa que os gregos promoviam o caos; apenas que eles o aceitavam como uma realidade que sempre pairava no horizonte. Para os gregos, o mundo era belo precisamente porque podiam ser tão realistas a respeito disso. E é um atributo de literatura séria em qualquer época que o caos seja assim reconhecido.

Shakespeare dá testemunho disso. O príncipe herdeiro norueguês Fortimbrás, avaliando o amontoado de corpos no final de *Hamlet*, nota o "estrago" que a corte real da Dinamarca havia causado a si mesma. Horácio, amigo leal de Hamlet, diante da mesma visão lamentável, observa:

> [...] Eu lhes falarei
> de atos carnais, sangrentos e contra a natureza.
> De julgamentos negligentes, assassinatos gratuitos,
> de mortes incitadas por traição e malícia,
> e, como desfecho, objetivos errados.
> Caindo sobre a cabeça de quem os maquinou.[5]

A peça termina com Fortimbrás avançando para restaurar a ordem ao preço da tomada da Dinamarca pela Noruega. Mas a ordem está acima de tudo. É o primeiro passo na direção da civilização. Somente mais tarde a ordem começa a se tornar menos obrigatória.

Chegar à civilização exige, no entanto, nunca esquecer o mundo antes e para além da civilização. É nesse ponto que Shakespeare, até mesmo na fraca *Tito Andrônico*, uma das suas primeiras peças, permite-nos conhecer o nosso próprio passado arcaico — uma época na qual bravura e coragem se alternam com brutalidade e barbárie; uma época na qual mesmo uma declaração de *honra* é prelúdio para "alguma ação cruel e impiedosa".[6] Dessa maneira, a literatura se torna um substituto para a memória coletiva. Depois que passou a escrever a respeito de épocas mais refinadas da história romana, perto do final da sua carreira, Shakespeare retornou, com *Coriolano*, a esse período pré-civilizacional de barbaridade maníaca, quando os seres humanos eram mais arquetípicos, como se quisesse encerrar a sua obra advertindo-nos de que jamais escaparemos totalmente das nossas origens. A modernidade e agora a pós-modernidade não alteraram a natureza humana tanto quanto acreditamos. Hitler e Stalin eram criaturas do modernismo industrial; as multidões do Twitter e do Facebook e as teorias conspiratórias da Internet inflamam os ódios étnicos e religiosos do pós-modernismo pós-industrial. O século XXI ainda é jovem, embora já tenha testemunhado uma agressão militar monstruosa, ao estilo da Segunda Guerra Mundial, levada a cabo por uma grande potência dotada de armamento nuclear.

Embora a civilização seja o ponto culminante da nossa luta para alcançar a nossa humanidade e nos livrarmos da nossa propensão à violência e das garras de aço do destino, nós só conseguiremos isso se nunca perdermos de vista as nossas origens. Mas isso somente será possível se deliberadamente cultivarmos a insegurança, cuja base universal é o respeito pelo caos: algo impossível a menos que pensemos de maneira trágica.[7]

Cultivar a insegurança exige modéstia. Se uma pessoa — ou uma autoridade — não tem modéstia, os deuses mais cedo ou mais tarde a obrigarão a ter. E se um homem tem de esperar até que o despertar pessoal lhe seja enfiado goela abaixo pelos deuses, isso lhe chegará com extremo sofrimento. Com o passar do tempo, nós todos nos tornamos modestos, seja antes de uma catástrofe, temendo sempre por aquilo que o futuro nos reserva, seja depois, quando o tormento é bem maior. Mas por mais cautelosos que sejamos a respeito do que nos reserva o futuro, o alvoroço da vida, com suas incontáveis interações humanas, garante que em algum momento nós sejamos esmagados por uma coisa ou outra. É por esse motivo que a arrogância não deixa de ser uma imbecilidade.

Com sua genialidade, Nietzsche intuiu essas coisas quando ainda era jovem. Ele publicou *O Nascimento da Tragédia* em 1872, quando contava somente vinte e oito anos, e os seus inspirados e expressivos arroubos traíam uma exuberância juvenil. Para ele o mundo grego é definido pela disputa entre a racional "arte apolínea do escultor", com sua forma ponderada e articulada, e "a dionisíaca arte da música, desprovida de imagem", que não tem forma. Contudo, a sedução de Dionísio é irresistível. Sua carruagem, Nietzsche escreve, "é repleta de flores e grinaldas, e sob o seu jugo desfilam a pantera e o tigre. Se déssemos asas à imaginação para transformar o 'Hino à Alegria' de Beethoven numa pintura, particularmente no momento em que as multidões se ajoelham boquiabertas na areia, poderíamos então ter uma ideia aproximada do dionisíaco". Negar o poder do caos, do arrebatamento e do encantamento dionisíacos é negar o poder do próprio criador.[8]

Dionísio não significa desgraça mais do que significa um mundo cheio de mistério arrebatador; dessa maneira, o advento de uma visão de mundo mais racional e pessimista, como a representada por Eurípides, ironicamente indica a Nietzsche o início do fim da tragédia.

Embora Ésquilo e Sófocles tenham escrito durante o auge do poder de Atenas, Eurípides escreveu mais tarde, na ocasião da Guerra do Peloponeso, que destroçou o mundo grego nas últimas décadas do século V a.C. Ele se vale da guerra como pretexto para olhar internamente e examinar a *polis*. Para ele, a guerra é uma professora violenta.[9] As peças de Eurípides são impregnadas de pessimismo quanto à liderança política e militar e quanto ao comportamento humano em geral. Ele se desespera por saber que a razão provavelmente não prevalecerá sobre a paixão, e a persuasão não prevalecerá sobre a violência. Ninguém jamais descreveu o assombroso e arrasador poder de Dionísio tão vividamente quanto Eurípides. Aristóteles considerava-o o mais profundamente trágico dos dramaturgos gregos em virtude da importância que ele dava à compaixão e ao medo do caos, ainda que a tragédia como conceito filosófico possa ter começado a morrer com ele. O apelo de Eurípides é quase moderno, devido ao seu "fascínio por argumentação, ideias e retórica", que revela uma sensibilidade universal e abstrata. Contudo, isso leva apenas a um profundo pessimismo quanto à capacidade humana de controlar as forças da anarquia.[10] Mas a tragédia jamais se destinou a ser tão sombria. Na tragédia pura, a luta sempre teve um propósito, uma oportunidade.

Todavia, Eurípides, o indignado humanista que não aprovaria o sofrimento humano, não deixaria a humanidade se safar.[11] Embora reconhecesse o destino, Eurípides nunca o aceitou. Como Hécuba replica a Helena em *As Troianas*:

> Oh, não encubra
> a sua culpa atribuindo tolices aos Deuses.
> Deixe que os tolos se concentrem apenas em você! [12]

Só os fracos e desonestos culpam o destino por seus infortúnios, ainda que o destino sempre afete as nossas vidas e possa até determiná-las. Eis nosso dilema: aceitar a responsabilidade moral mesmo que sejamos apenas parcialmente culpados por algo (ou mesmo que não tenhamos absolutamente nenhuma culpa). Isso vale para a política tanto quanto para a vida privada. Durante boa parte dos anos 1980, eu fiz relatórios diretamente dos Bálcãs, alertando a imprensa a respeito da guerra étnica e religiosa que estava prestes a ocorrer lá. Mas quando essa guerra realmente aconteceu, no início dos anos 1990, e a administração Clinton não agiu em tempo hábil para salvar vidas, o meu livro *Balkan Ghosts* foi responsabilizado por isso, pois, segundo consta, esse meu escrito deprimiu tanto o presidente que o deixou sem ação. Eu apoiava uma intervenção militar na mídia impressa e na televisão, mas o meu livro teve um efeito contrário ao que eu buscava. Eu não cheguei a sentir uma grande culpa por isso, já que os meus motivos tinham sido bons; mas o arrependimento nunca deixou de me perseguir. Fossem quais fossem as minhas intenções, e por mais que eu fosse praticamente o único repórter a cobrir os Bálcãs na década de 1980 antes do aparecimento de bandos da mídia, eu não tinha escolha a não ser aceitar a responsabilidade moral.

Dionísio representa o mais terrível aspecto do destino. Ele abarca a própria força da vida: esse elemento combustível do mundo natural em toda a sua fecundidade que torna a civilização um projeto tão frágil em razão dos instintos fisiológicos mais básicos da humanidade, afetando a personalidade e o comportamento. Dionísio é uma figura complexa que traz em si alegria e celebração, violência e desvario.[13] Ele é de fato o inimigo da sabedoria e da razão. Deve ser combatido, porém as forças febris que ele libera não podem jamais ser negadas. A vitória do deus nessa luta está entre as histórias centrais da tragédia grega.[14]

O furor de Dionísio horroriza Eurípides. Contudo, Eurípides respeita a vitalidade do seu poder e a fé e o êxtase indubitáveis que ele gera. O dramaturgo escreveu *As Bacantes* já em idade avançada e no exílio voluntário na região exótica da Macedônia, onde as mulheres ainda cultuavam Dionísio. Nesse lugar, Eurípides, o "perpétuo racionalista", reconhece o "terrível poder do irracional".[15]

Na mitologia grega, as Bacantes (ou Ménades, como também são conhecidas) eram mulheres tomadas de frenesi provocado pelo vinho. Elas corriam através das florestas, abandonando-se ao êxtase, lançando gritos ferozes. "Elas despedaçavam as criaturas selvagens que encontravam", escreve Edith Hamilton, "e devoravam as partes de carne sanguinolentas". Nada podia detê-las. Elas convertiam a beleza em medo e a alegria em brutalidade. Suas origens parecem ser asiáticas: elas migraram para a Grécia das terras do Oriente Próximo da Macedônia, Lídia, Frígia, Pérsia e Arábia. Na interpretação de Robert Graves, Dionísio viajou até a Índia e retornou pela Frígia antes de rumar para a Trácia e a Beócia, onde "convidou as mulheres a se juntarem às suas celebrações no Monte Citéron".[16] A peça *As Bacantes*, de Eurípides, inicia-se assim:

Depois de atravessar da Pérsia os altiplanos banhados pelo sol
E tendo percorrido as cidades de Báctria e as fronteiras sinistras de Medes
E também a abençoada Arábia e os litorais da Ásia...
Pois Tebas conhecerá... Meus sagrados mistérios, dos quais ela desdenha... [17]

As multidões em toda a sua raiva e terror — o massacre dos Cossacos, as manifestações de massa nazistas, os campos de estupro sérvios, os grupos de extermínio dos extremistas — todas contêm elementos do fanatismo, da vitalidade e do entusiasmo puramente mortífero de Baco. As constatações do ganhador do Nobel Elias Canetti sobre o fenômeno de formação das massas em *Massa e Poder* (1960) têm um ancestral espiritual na peça de Eurípides, na medida em que Canetti define *massa* como um ajuntamento de pessoas que abandonam a sua individualidade em favor de um símbolo encantatório coletivo. Nesse ajuntamento, o impulso de destruir vem, em última análise, do impulso de fugir para um estado alterado de consciência. O desejo por êxtase é inseparável do desejo por sono. Como escreve Eurípides,

> O suco da uva, remédio.
> Para todo o sofrimento dos tristes mortais,
> quando do suco da uva se fartam, levados pelo sono,
> já não se lembram mais de suas desventuras cotidianas.
> Para as nossas dores não existe outro remédio.[18]

As Bacantes começa com Dionísio, passando-se por estrangeiro, chegando a Tebas para se vingar da casa de Cadmo por negar sua divindade. Cadmo e Tirésias, o profeta cego, são sábios o bastante para não menosprezarem o deus. Mas o rei Penteu, neto de Cadmo, está furioso com as Ménades que dançam enlouquecidamente nas florestas, principalmente porque uma delas é a sua própria mãe, Agave. Apesar das advertências de Cadmo e de Tirésias, Penteu está determinado a deter a propagação do novo e aterrador culto a Dionísio. Enquanto isso, as Ménades se tornam cada vez mais loucas e violentas, literalmente despedaçando um rebanho de gado — a representação suprema de uma façanha sem sentido. Penteu agora promete destruir as Ménades. Mas o incógnito Dionísio lança um encantamento em Penteu para que este se vista como mulher, e Penteu acaba estraçalhado pelas Ménades, entre elas Agave, ainda sob transe dionisíaco.

> Porém espuma brotava dos seus [de Agave] lábios,
> E Dionísio tinha o domínio da sua alma;
> Cega e sob encantamento, ela não lhe deu [a Penteu] atenção
> E agarrando-lhe o braço esquerdo, e apoiando o pé em seu flanco,
> Torceu o membro com violência e separou-lhe o ombro do corpo... [19]

Uma delirante Agave retorna triunfante a Tebas carregando consigo o que acreditava ser a cabeça de um leão que ela havia matado, mas que é na verdade a cabeça do seu filho e do neto de Cadmo, Penteu. Cadmo arranca-a do seu transe, e num instante ela percebe o ato apavorante que havia realizado. Dionísio então se revela em toda a sua glória, enquanto o coro entoa o seu louvor.

> Quando o final da peça se aproxima, Cadmo admite:
> Ah! Dionísio nos destruiu — com razão,
> Mas com excessiva crueldade... [20]

A vitória do caos sobre a ordem estabelecida mostra que o realismo pressupõe apreço pelo romance: reduzido à sua essência, o romance se resume a êxtase e irracionalidade, coisas que fazem parte da realidade. Dessa maneira, ser implacavelmente racional é ser não realista. Eurípides sugere que o frenesi ébrio é tão necessário quanto a moderação da sobriedade.[21] E isso, por sua vez, sugere que as crises, sobretudo as políticas, envolvem não apenas a objetividade de quem toma decisões, mas também as suas ilusões. (Exemplo disso é o ponto de vista neoconservador de que a democracia pode ser imposta no Oriente Médio.) A bem conhecida vaidade de Penteu levou-o à ruína. Mais uma vez, porque o destino nos pega no final, é preciso lutar respeitando o destino, portanto respeitando uma divindade maior. Quando os homens têm certeza, os deuses a reduzem a nada, diz o coro grego no final de *As Bacantes*.[22]

Isso sugere especificamente uma lição para o nosso tempo. A própria regularidade da vida de classe média promove a ilusão de que o mundo é previsível e benigno — uma "tranquilidade" que é "ela própria um tipo de loucura", escreve o romancista e ambientalista indiano

Amitav Ghosh. O planeta, ele prossegue, "tem brincado com a humanidade", permitindo que ela assuma uma liberdade questionável para moldar seu próprio destino.[23] Mas centenas de milhões de seres humanos estão agora vivendo em densas concentrações urbanas ao longo de costas tropicais num terreno ambientalmente frágil, sujeito a ciclones, enormes tempestades e elevações do nível do mar, em regiões que não podem sustentar tal quantidade de pessoas indefinidamente. Supertempestades e outras catástrofes são o equivalente climático de Dionísio. Embora essas catástrofes até agora tenham ocorrido principalmente em locais à margem da existência econômica — lugares como a Indonésia e Bangladesh, que têm sofrido a ira dionisíaca da terra —, nós, que vivemos uma vida privilegiada em nossos confortáveis casulos urbanos, sustentada por uma infraestrutura brutal, devíamos pensar tragicamente a fim de nos prepararmos para uma visita do deus. A pandemia de covid-19 serviu como alerta para o despertar. Qualquer outra atitude constituiria orgulho arrogante.

Além do distúrbio ambiental, nós também temos o distúrbio social a considerar. Henry James, esse gênio visivelmente decadente e europeizado, na verdade nos mostra numa obra-prima de detalhes, *The Princess Casamassima*, o submundo que a sociedade educada não vê, e que ele descobriu em suas frequentes caminhadas noturnas por Londres: "Povoada com mil formas de paixão e devoção revolucionárias... No silêncio, na escuridão, porém sob os pés de cada um de nós, a revolução subsiste e opera. É uma armadilha maravilhosa, imensurável, no topo da qual a sociedade desempenha a sua farsa". "Cuidado", James avisa, "com os sofismas da civilização".[24]

A sociedade educada não mudou e jamais mudará. É um atributo do sucesso social que se evite discutir ou até mesmo pensar nos fatos mais cruéis da natureza humana e, consequentemente, da existência política. É bem verdade que entre os integrantes da elite há muita sinalização de boas ações em favor dos pobres, e externar respeito e preocupação para com os direitos humanos é um recurso necessário para se avançar profissionalmente nos altos escalões sociais. Uma elite entediada pode certamente desenvolver um apego tolo a causas radicais.

Mas não é a isso que me refiro. Eu me refiro aos silêncios dentro dos quais o futuro reside: o rumor perturbador produzido pelos trabalhadores pobres que, de tempos em tempos, preparam-se para atirar tijolos nas janelas do mundo da elite; rumor este que a elite não vê nem verá até que esteja bem diante dela. É esse o significado fundamental da vitória de Donald Trump nas eleições de 2016. Essa é outra forma pela qual se manifesta a ira dionisíaca: algo de que James com sabedoria e perspicaz intuição tomou consciência, mesmo mimado como era pelo *status* social e financeiro.

Não são somente a natureza e a sociedade que estão mergulhadas em caos dionisíaco. A mente humana também está — que é, em última análise, uma criação de processos biológicos, naturais. Nenhum escritor consegue intuir isso melhor que Fiódor Dostoiévski. Desde as primeiras páginas de *Crime e Castigo* (1866), o encorpado caos e a luta encarniçada pela sobrevivência são descritos como o centro da existência emocional. Vida é tormento. O protagonista do romance é uma fonte incessante de pensamentos que fluem de modo maníaco. Ao passo que os gregos fazem arquétipos da aflição humana, e Shakespeare inventou a própria consciência, os primeiros modernos — Dostoiévski, Henry James — duplicaram a consciência, mostrando como a mente funciona na realidade. Dos gregos a Shakespeare e aos modernos, a jornada se torna cada vez mais interior, e a grandeza de cada um dos grandes escritores vincula-se à sua capacidade de reconhecer o deus Dionísio e tudo o que ele representa: acima de tudo, o impulso rumo à desintegração. É finalmente por isso que, como explica Dostoiévski em *Os Demônios*, "os gregos divinizaram a natureza".[25] Desse modo, nós voltamos a Dostoiévski e a Conrad e à sua proximidade com o espírito dos gregos: ambos, parafraseando George Steiner, fazem da desordem uma virtude, com calma obtida apenas por meio do desespero.[26] Qualquer pessoa que já tenha sofrido algum tipo de colapso mental prolongado compreende isso.

E qualquer pessoa que observar a atual conjuntura internacional compreenderá o medo que os gregos tinham do caos e reconhecerá o pendor humano para a destruição. Um terço de século depois da queda do Muro de Berlim — que nossas elites, muitas vezes com pouca experiência de vida real, garantiram-nos que levaria ao avanço da democracia e da globalização —, o mundo se encontra em extrema desordem. Vários países importantes do Oriente Médio sucumbiram ao caos. As grandes potências — Estados Unidos, China e Rússia — flertam com a guerra total enquanto acumulam vastos arsenais de armas guiadas de precisão para acompanhar suas forças navais e aéreas, ao mesmo tempo que as mídias sociais inflamam a divisão étnica, nacional e religiosa. Simplesmente porque nós já não podemos mais imaginar literalmente uma guerra desenfreada entre as grandes potências — já que a última terminou mais de três quartos de século atrás — não significa que isso não possa ocorrer, como podemos ver ao longo da história. Basta conferir o caso da Ucrânia! Isso tudo sem mencionar as rebeliões armadas — não informadas ou ignoradas — que acontecem em partes da África e em outros lugares. Ninguém pode desprezar os medos dos gregos.

CAPÍTULO 3

Ordem: a suprema necessidade

UM DOS PRINCIPAIS ATRIBUTOS DA TRAGÉDIA GREGA É A SUA concisão. As peças são repletas de *insights*. Nietzsche considerava a tragédia a maior das realizações gregas. Suas origens, mais bem explicadas pelo classicista britânico Richard Seaford, residem na "síntese de dois princípios opostos, o dionisíaco e o apolíneo". O primeiro, no espírito do deus Dionísio, é o mundo do encantamento e da unidade entusiasmada entre pessoas e com a natureza; o segundo, no espírito de Apolo, é o mundo de limites, forma e estrutura.[1] O primeiro princípio é emocional e enfatiza a tirania do grupo; o segundo é analítico e enfatiza o pensamento individual, disciplinado. O espírito dionisíaco, embora ligado a uma tirania caótica, também representa a própria força da vida, que pode ser positiva e romântica. Por outro lado, o espírito apolíneo leva inexoravelmente a pensamentos perturbadores, pois Apolo, o mais grego de todos os deuses, é portador da lógica e deus da verdade. A paixão é inimiga da análise e vice-versa, portanto disso se depreende que Dionísio e Apolo estão em lados opostos. Nietzsche também viu na tragédia grega um equilíbrio entre otimismo e pessimismo.[2] Devido a essa tensão, a tragédia é a própria personificação de pensamento rigoroso. Esse equilíbrio contradiz com frequência a norma de comportamento das nossas elites políticas, em cujas reuniões por muitos anos foi proveitoso declarar-se "otimista", principalmente quanto às possibilidades de democracia nesse ou naquele país do Oriente Médio, independentemente das reais intuições sobre o assunto em questão, já que ser um "otimista" aumenta o prestígio moral dentro do grupo. Porém, por mais "socialmente aceitável" que seja, esse comportamento não é nem coerente nem racional. A tragédia se ergue acima da afetação de virtude.

A tragédia também está acima da festiva suposição de que com o fim da Guerra Fria a democracia e o livre-mercado se espalhariam por todo o mundo; da suposição (sustentada por praticamente toda a elite política da Costa Leste) de que quanto mais negociarmos com a China e a enriquecermos mais liberais se tornarão o governo e a sociedade chineses; e da suposição (também já sustentada amplamente pela elite) de que a expansão da OTAN pelo Leste Europeu e pela Europa Central traria como resultado sociedades universalmente liberais, incluindo a da Rússia, e de que a terapia de choque econômico teria como consequência uma sociedade democrática e totalmente capitalista na própria Rússia. Todas essas posições uma vez foram compartilhadas por elementos importantes dos quadros políticos dominantes de Washington e de Nova York, com poucos dissidentes. E o elemento dionisíaco na tragédia foi negligenciado. No início da administração Clinton, houve pessoas que acreditaram, mesmo que por um curto período de tempo, que com o fim da Guerra Fria a geopolítica havia desaparecido da história, substituída pela geoeconomia. Claro que o que ocorreria na verdade seria a fusão da geopolítica com a geoeconomia para formarem uma poção ainda mais perigosa e volátil. Sim, Dionísio teria a sua vingança quando a guerra étnica e religiosa varresse os Bálcãs, o Oriente Médio e a África, e quando uma nova forma de guerra fria irrompesse entre os Estados Unidos e a China e entre os Estados Unidos e a Rússia. A Rússia poderia sem dúvida despontar como uma democracia depois que Vladimir Putin caísse. Se isso acontecer, porém, será num processo conduzido internamente, orgânico e complexo, não por imposição externa.

Apolo e Dionísio coexistem e se misturam, e por isso a tensão entre civilização e selvageria é constante e onipresente. A selvageria não está confinada às margens da civilização: ela existe bem no coração da cidade.[3] Como Freud escreveu, "a sociedade civilizada está perpetuamente ameaçada pela desintegração".[4] Até mesmo as sociedades mais gloriosas e refinadas estão em perigo constante de sublevação e de colapso interno. A decadência social pode levar à barbárie; mas a comoção doméstica e a evolução política traiçoeira também podem. A barbárie sempre existiu em nós. E um ano de anarquia pode ser pior do que muitos anos de tirania — isso eu posso afirmar com convicção por minhas longas visitas ao Iraque antes e depois da queda de Saddam Hussein.[5] É claro que a ordem em si mesma pode ser opressiva e tirânica, e por isso o constante afastamento da tirania é um movimento que deve ser encorajado. Ainda assim, uma oposição simplista à tirania evita convenientemente a questão fundamental: e se não houvesse absolutamente nenhuma ordem? No Iraque, eu fui cercado por artilharia que vinha de todas as direções, disparada não por um exército rival, mas por uma horda de pequenas milícias. Em Serra Leoa, eu fui ameaçado por soldados bêbados que vestiam apenas partes de uniformes, em barricadas improvisadas na floresta. Mesmo o pior regime é menos perigoso e aterrador do que absolutamente nenhum regime. As elites políticas estão apaixonadas por ideias, por isso temem que essas ideias sejam eliminadas pela tirania. Mas a anarquia não causa nelas um horror visceral, pois elas nunca precisaram negociar com homens que fechavam estradas na África e exigiam dinheiro das pessoas apontando-lhes rifles de assalto com a trava de segurança desativada.

As massas russas em 1917 também não sentiam um medo visceral da anarquia nem faziam ideia das consequências que ela poderia trazer. As massas acreditaram que a sua revolução havia terminado em triunfo com a abdicação do Czar Nicolau II; não perceberam que, por mais tirânicos e medievais que fossem, os Romanov representavam a única ordem existente na Rússia. Com a sua derrocada deu-se um colapso total das instituições, que por sua vez levou a um golpe bolchevique no final do ano, que teria como consequência o assassinato e a escravização de dezenas de milhões de pessoas por décadas a fio.

De fato, a ordem vem antes da liberdade, pois sem ordem não pode haver nem liberdade nem garantias para ninguém. As gerações do pós-guerra e as posteriores nos Estados Unidos não entendem bem esse conceito porque são as primeiras gerações na história da humanidade a crescer cercadas de segurança física e financeira. Sua falta de experiência as torna cegas para o que a existência realmente significa sem essa segurança. Considerando a questão da ordem um fato consumado, tudo o que lhes interessa é torná-la menos opressiva. Em outras palavras, as nossas atuais gerações não foram preparadas para pensar tragicamente.

Entretanto, todas as gerações anteriores na história da humanidade foram obcecadas por ordem. Sem ela não há ninguém para julgar o que é errado e o que é certo, para distinguir o culpado do inocente; dessa maneira, não apenas não existe liberdade, mas também, como Hobbes escreveu de forma memorável, não existe justiça. Por isso é que Shakespeare considerava a monarquia a forma mais natural de governo. Mesmo nos dias de hoje, os regimes mais estáveis e civilizados no mundo árabe são monarquias tradicionais, tendo em vista que a maioria das tentativas rumo a uma democracia falhou, e a ditadura compensou sua falta de legitimidade histórica com formas extremas de brutalidade. Atestam isso os regimes baathistas na Síria e no Iraque e o regime de Gaddafi na Líbia.

A monarquia funciona porque no fim das contas a tradição é tudo. Como explica Albert Camus, a tradição proporciona "respostas e explicações eternas", que são sagradas.[6] Nós não temos mais nada. O que é cerimônia, afinal? As admissões de reis e rainhas britânicos, a posse de presidentes, com todas as bandas marciais? "O arsenal e a mística de poder e hierarquia" são o que reforça a ordem, como escreve o falecido crítico britânico Tony Tanner. A autoridade requer temor respeitoso, do qual emerge a legitimidade. Os tribunos que assassinaram o Júlio César de Shakespeare porque ele se tornou um ditador acabam com o seu aspecto "cerimonioso" e o reduzem, nas palavras de Tanner, "ao corpo físico miserável, trespassado e falho que ele indubitavelmente é". Mesmo matando César, aqueles que buscavam a liberdade só fizeram pavimentar o caminho para a anarquia e para mais assassinatos brutais, até que outro ditador romano ascendeu para restaurar a ordem e, com ela, a cerimônia.[7]

Nós vivemos numa época na qual a cerimônia é desvalorizada, e não somente pelo brilho ofuscante de celebridades e pela decadência do governo Trump. É uma época de esfacelamento de hierarquias e de enfraquecimento de instituições: no governo, no trabalho, na religião e nas relações sociais e sexuais. É claro que as hierarquias podem ser injustas e opressivas. Mas desmantelá-las traz a responsabilidade de erguer hierarquias novas e mais justas, pois a questão da ordem permanece a mais crucial. O enredo de muitas tragédias gregas é a destruição da ordem através de alguma ação, o que desencadeia fúria e tumulto até que a ordem volte a ser restaurada. Se esse foi o padrão ao longo da história da humanidade, por que não continuaria sendo?

O primeiro grego que se envolveu com essa questão na literatura foi Ésquilo. Ésquilo escreveu a trilogia *Oréstia* quando tinha quase setenta anos, em meados do século V a.C. O falecido classicista F. L. Lucas descreveu Ésquilo como "o velho soldado severo da Batalha de Maratona; aristocrata um tanto arredio... Odiava igualmente a tirania e a anarquia; era o tipo de ateniense ainda não afetado pela decadência".[8] Sua trilogia *Oréstia* dramatiza o contraste "entre um mundo mais sombrio de vingança e violento conflito intrafamiliar e uma sociedade na qual cumprir a lei é importante", escreve outro estudioso dos clássicos, Richard Rutherford.[9] Embora Ésquilo seja na essência um democrata, porque reconhece a ameaça constante da anarquia, ele é acima de tudo um analisador. E a análise é fundamental para a tragédia grega: a representação da paixão de um ponto de vista imparcial, sem paixão. Um senso parecido de imparcialidade e distanciamento está por trás do efeito dramático nas pinturas de Velázquez.

O pano de fundo para a trilogia *Oréstia* começa com Tiestes, filho de Pélops, que seduziu a mulher de Atreu, seu irmão. Como vingança, Atreu mata dois dos filhos de Tiestes, cozinha a sua carne e a serve em jantar a Tiestes, que de nada desconfia. Quando Tiestes toma conhecimento do que comeu, amaldiçoa a linhagem de Atreu para sempre. A maldição recai sobre o rei Agamêmnon, filho de Atreu. Agamêmnon sela o seu destino quando decide sacrificar a sua filha Ifigênia à deusa Ártemis, a fim de que a deusa envie ventos favoráveis ao seu exército no ataque que ele lidera contra Troia. Tomada de ódio contra o marido, a rainha Clitemnestra, mulher de Agamêmnon, faz de Egisto — outro dos filhos de Tiestes — o seu amante, e juntos eles assassinam Agamêmnon com um machado logo depois de este retornar a Messênia vitorioso de Troia. E assim termina Agamêmnon, a primeira peça da trilogia.

Em *Coéforas* ("Portadoras de Oferendas"), a segunda peça da trilogia, a rainha Clitemnestra, com a consciência pesada, manda que suas escravas levem libações ao seu marido morto a fim de apaziguar-lhe a alma. Anos mais tarde, Orestes, filho de Agamêmnon e Clitemnestra, retorna a Argos do estrangeiro para orar por seu pai morto. Então ele encontra a sua irmã, Electra, e juntos eles juram vingança contra sua mãe e o amante dela; mais tarde, Orestes matará ambos. Agora, na segunda geração, é Orestes, e não Clitemnestra, quem tem as mãos manchadas de sangue num ato vil: matricídio, uma aberração das leis da natureza que levará as Fúrias vingadoras a perseguirem Orestes. Orestes foge para o norte da Grécia, onde funda Castória, uma cidade de céu frequentemente cinzento e montanhas cobertas de neve.

Em *Eumênides* ("Deusas Benévolas"), a última peça da trilogia, Orestes viaja de Castória ao santuário de Apolo, em Delfos, para se esconder das Fúrias — anciãs encarquilhadas com cobras no lugar de cabelos que atormentam o jovem por crimes contra os seus idosos. Em Delfos, o Oráculo ordena a Orestes que parta para Atenas a fim de submeter-se a julgamento pelo assassinato de sua mãe. Lá, ele é absolvido depois de admitir o seu crime, e as Fúrias são convencidas a permanecer em Atenas e reinar como "as deusas benévolas". A justiça prevalece, e o ciclo de violência é finalmente encerrado. A paixão leva à desordem, antes que a ordem triunfe no final. Mas é apenas o medo da autoridade secular que ajuda a validar essa justiça. Essa é uma história familiar, mas a trilogia *Oréstia* é o primeiro grande épico a contá-la.

É claro que a trama da *Oréstia* e suas interpretações são bem mais complexas do que eu fiz parecer. Leia o segundo volume de *Os Mitos Gregos* de Robert Graves (1955 e 1960) para conhecer toda a grandiosidade e a granularidade dessa obra. No mais, tenha em mente o efeito intenso e espetacular dessas peças quando executadas pela primeira vez num palco diante de um público 2.500 anos atrás: os filhos de Agamêmnon batendo em seu túmulo; "os selvagens encantamentos do Coro instigando o monarca assassinado em seu sepulcro"; Apolo de cabelos da cor do mel enfrentando as monstruosas Fúrias; "a procissão à luz de tochas no encerramento".[10]

Shakespeare também é obcecado por ordem. Prova disso é sua primeira peça, *Tito Andrônico*, uma "paródia" arcaica ambientada na Roma antiga que, segundo o falecido Harold Bloom, parece de certo modo mais "remota" do que a *Oréstia*.[11] Ainda assim, *Tito Andrônico* tem seu valor. Assim como na *Oréstia*, em razão das paixões e desatinos humanos a ordem rapidamente se degenera numa grande onda de violência, "uma selva de tigres", com assassinatos, execuções e amputações; os personagens são abatidos um após o outro antes que a paz e a ordem sejam por fim restauradas.[12]

Será que eu estou insistindo no óbvio? Não quando a tendência irresistível da literatura moderna é ignorar inteiramente essa questão para lidar com questões de amor e relações sexuais, tensões profissionais e de classe e dramas pessoais e psicológicos de toda sorte. Isso ocorre porque a ordem, assim como o ar que respiramos, é absolutamente dada como garantida —, pois em nosso mundo de classes médias e de elites, relativamente poucas pessoas experimentam alguma forma de existência para além das suas vidas previsíveis e controladas, que se tornaram ainda mais controladas por algum tempo devido a uma pandemia. Com exceção de veteranos de guerra, correspondentes estrangeiros e imigrantes, o caos é algo que as pessoas em sua maioria desconhecem. Porém, a ordem continua sendo a questão fundamental a orientar as ações políticas de muitos países, até mesmo de grandes Estados como Rússia, China e Brasil. Mesmo nós, nos Estados Unidos, talvez não estejamos tão seguros quanto acreditamos. Nossa ordem democrática é herança filosófica e institucional do início da Inglaterra moderna, e a Inglaterra levou setecentos anos para avançar da Magna Carta ao voto feminino, com muitas lutas dinásticas violentas durante o período. As tradições da democracia, como demonstram as nossas besteiras no mundo árabe, não são estabelecidas da noite para o dia. Foram necessários séculos para construir as fundações da democracia que nos sustenta, e elas podem ser mais frágeis do que pensamos, um fato evidenciado pela hiperparcialidade tanto da nossa mídia quanto de partidos políticos. A literatura que reconhece essa vulnerabilidade é a do tipo mais sério.

E assim nós voltamos a falar em *Sob os Olhos do Ocidente*, de Joseph Conrad. Na nota do autor a esse livro, Conrad sugere que muitas vezes as comunidades humanas oscilam tragicamente entre a "ferocidade e a imbecilidade de um governo autocrático" e "a solução não menos imbecil e atroz" de ideais utópicos.[13] Alcançar um equilíbrio entre esses extremos foi uma obra de arte política concebida a duras penas.

Goethe "detestava desordem", observa George Steiner; ele "preferia a injustiça", já que a "injustiça é temporária e reparável, ao passo que a desordem destrói as próprias possibilidades de progresso humano". É claro, como Steiner também observa, que "é o exemplo individual de injustiça que enfraquece a pretensão geral de ordem". Afinal, basta "um Hamlet para condenar a podridão de um Estado".[14] Isso explica o ultraje de intelectuais e jornalistas que protestam contra as imperfeições até mesmo dos Estados mais democráticos. E é esse ultraje que evita que as democracias descambem para a repressão doméstica, apesar dos compromissos que elas devem firmar em suas relações com o estrangeiro — pelos quais esses mesmos intelectuais nutrem pouca simpatia. O problema, como percebe o arguto observador da condição humana Anthony Trollope em *Phineas Finn*, é que "esbravejar contra males reais" quando se está livre de responsabilidades burocráticas é uma situação muito confortável para se estar.[15] Isso permite que você tenha sempre razão sem ter de fazer escolhas difíceis, de maneira que você pode tratar a moralidade como algo inflexível e inquestionável.

Albert Camus era uma exceção. Ele admirava a ordem. Em um de seus maiores livros, *O Homem Revoltado*, ele escreve que "um ato de rebelião… parece uma busca por objetividade e unidade. Paradoxalmente, a mais elementar forma de rebelião expressa um anseio por ordem". Além do mais, "quando o trono de Deus é tomado, o rebelde percebe que passa a ser sua responsabilidade criar a justiça, a ordem e a unidade que ele buscava em vão no âmbito da sua própria condição; ele terá de fazer isso para justificar a queda de Deus".[16] Tomada isoladamente, a deposição de reis e tiranos nem sempre justifica moralmente o rebelde. Derrubar uma ditadura sufocante no Oriente Médio não é um ato moral por si só, a menos que alguém tenha elaborado um plano para substituí-la por algo melhor. O rebelde tem de substituir a velha ordem por uma nova que seja mais justa ou, pelo menos, mais benigna. O comunismo acabou descartado como ilegítimo porque, quando declarou o capitalismo uma ordem morta, esperava-se que a nova ideologia propusesse o seu próprio universo moral — mas ela fracassou nisso espetacularmente. Nesse ponto, a filosofia de Camus se alinha com a tradicional arte de governar e se opõe aos intelectuais cuja celebração da revolta é não raro narcisista e não tem ligação com a restituição da ordem.

Tiranias não governam no vácuo. Elas costumam contar com algum apoio popular ao menos. Essa é uma verdade mais alheia à experiência americana do que à experiência de Camus. Seu pesadelo é que a rebelião possa levar a tiranias ainda piores do que as anteriores. No entanto, como ele diz, desde que Prometeu se rebelou contra Zeus nos desertos da Cítia, a sublevação é uma característica marcante da humanidade. Ela se integrou à condição humana desde que as pessoas foram escravizadas pela primeira vez. Os regimes decadentes e atrozes depostos na Tunísia e no Egito no início da Primavera Árabe, caracterizados por obscenos cultos à personalidade com parcas promessas de reforma, roubavam das pessoas a dignidade; consequentemente, elas sentiam-se como escravas. Cada um dos pôsteres gigantescos do líder dizia às pessoas que elas não eram nada. A revolta contra a tirania é natural; porém, construir uma nova ordem não é. Nós não devemos jamais tomar a ordem como algo garantido. Camus dedica um livro inteiro a esse entendimento.

Para deixar clara essa questão, Camus, num ensaio relacionado, enaltece *Billy Budd*, a última grande história de Herman Melville, como uma análise da necessidade trágica de ordem acima de qualquer outra coisa. Como Camus explica, "quando permitiu que o jovem marinheiro, figura dotada de beleza e inocência que ele realmente amava, fosse condenado à morte, o capitão Vere submete o seu coração à lei. E ao mesmo tempo, com sua história impecável e que poderia ser comparada a certas tragédias gregas, o envelhecido Melville nos conta sobre a sua aceitação… do sacrifício da beleza e da inocência a fim de que a ordem possa ser mantida e o navio dos homens continue avançando na direção de um horizonte desconhecido."[17]

Como *Moby Dick*, *Billy Budd* é bíblico, se é que podemos encontrar no velho e no novo testamentos a mesma densidade analítica que vemos em Melville. Billy Budd é um marinheiro ingênuo que tem gaguez e não consegue se defender fazendo uso da palavra quando é falsamente acusado de um crime grave; então, em sua frustração, ele acaba usando os punhos. O falso acusador, exclama o capitão Vere, é então "fulminado por um anjo de Deus. Mas o anjo deve ser enforcado!". Caso contrário haveria um motim. Essa é uma cultura — um navio britânico em combate nas Guerras Napoleônicas — muito distante da vida civil e que para sobreviver depende da manutenção de uma ordem rigorosa. E então o capitão Vere, cheio de pesar e de angústia, cede à necessidade: a subsequente execução de Billy Budd se assemelha a uma crucificação. "Para nós aqui", Vere explica, "não cabe agir como casuístas ou moralistas; é uma questão prática, e lidar praticamente com ela exige a aplicação da lei marcial".[18]

Por meio da voz do capitão Vere, Melville prossegue: "Essas insígnias que usamos atestam que devemos lealdade à natureza? Não, mostram que devemos lealdade ao rei... Nós combatemos sob ordens... Por mais impiedosa que essa lei seja, nós temos de aplicá-la... Não deixemos que corações calorosos traiam cabeças que deveriam ser frias".[19]

O gênio de Melville reside no fato de que sua alma também sofre e chora diante da injustiça, mas no final ele justifica a execução sem deixar dúvida. Ele sabe que há algo de irreversivelmente errado com um mundo que não pode ser consertado. Isso faz dele o mais grego entre todos os modernos.

A atitude de Melville não deve ser confundida com fatalismo — lavar as mãos, virar as costas e se render à crueldade. Apenas aqueles que não exercem poder burocrático se dão ao luxo de fazer tal acusação. Os que exercem têm de agir de acordo com o seu juramento. Por esse motivo é que a tragédia ideal, segundo Camus, diz respeito a essa "tensão antes de mais nada". Lembre-se de que Zeus, que "castiga impiedosamente" Prometeu, "também tem seus motivos".[20]

As massas e especialmente a mídia, insatisfeitas com realidades tão difíceis, exigem uma solução moral clara para essas questões, mas muitas vezes não existe nenhuma.

CAPÍTULO 4

Ordem e obrigação devem ser cumpridas, mesmo quando são injustas

QUANDO O *NASCIMENTO DA TRAGÉDIA* FOI PUBLICADO, Nietzsche, então com vinte e oito anos, já tinha sido professor na Universidade de Basileia por alguns anos. O livro gerou controvérsia porque atacava o racionalismo complacente da Alemanha do final do século XIX, comparando-o aos padrões da tragédia grega, com a exaltada fusão do caos dionisíaco e da forma apolínea na tragédia grega. Jovem e um tanto impetuoso como era, Nietzsche já havia desenvolvido sua peculiar capacidade de perturbar valendo-se de verdades constrangedoras — assim como os gregos perturbavam. Ele argumenta que Zeus não estava completamente errado por torturar eternamente Prometeu, o Titã cujo espírito indômito conquista a nossa simpatia. Embora generoso, Prometeu representava um desafio ao controle de Zeus, e Zeus tinha o direito (do seu ponto de vista) de manter Prometeu preso, acorrentado, com uma águia a rasgar-lhe o fígado. São essas ideias intimidadoras, diz-nos Nietzsche, que tornam os gregos grandes.[1]

A verdadeira tragédia é "divina", portanto insatisfatória, de acordo com Hegel, pois sempre apresenta dois lados de um argumento como "legítimos". Cada lado está preso à "necessidade" de perseguir as suas finalidades. O fato é que muitas de nossas ações estão "sujeitas à necessidade", como escreve Ésquilo em *Agamêmnon*. "São as estrelas", diz Kent em *Rei Lear*, "as estrelas no céu que governam nossas condições". Na maioria das vezes, nós fazemos o que devemos ou o que pensamos que devemos. O que nos faz crer que somos livres para escolher e decidir sobre tudo é uma ilusão pós-moderna, mas há sempre montanhas de obrigações recaindo sobre nós. Apenas os independentemente ricos têm um pouco da liberdade que, de acordo com a indústria da autoajuda, tantos de nós temos.

Prisioneiros da necessidade, nós somos obrigados a lutar uns contra os outros. A justiça somente existe no confronto da "unilateralidade" em cada uma de nossas reivindicações, portanto existe somente na consideração das coisas a partir de dois pontos de vista. A tragédia pode ser como o julgamento decisivo, razão pela qual a Suprema Corte — quando não está degradada pelo partidarismo — pode oferecer até os argumentos mais refinados para decidir o destino de homens e mulheres cujas reivindicações são irreconciliáveis. "O conflito trágico apela ao espírito porque ele próprio é um conflito do espírito", Hegel escreve. Enquanto nós imaginamos os deuses representados na estatuária grega em solitária paz, a tragédia mostra que eles estão em constante beligerância. Embora a "sua natureza seja divina", "eles com frequência se enfrentam como inimigos."[2] Espelhando a natureza humana, os deuses são impelidos ao conflito uns com os outros.

Façam os deuses o que fizerem, por mais injustos que sejam, eles devem ser honrados. Maurice Bowra escreve que é moderno o conceito segundo o qual os deuses tratam Édipo de maneira injusta — decidindo sobre o seu terrível destino antes mesmo do seu nascimento e então infligindo-lhe esse destino sem piedade. "Sófocles não teria visto as coisas por essa perspectiva", Bowra observa friamente. Sófocles acreditava que os humanos não poderiam julgar os deuses e, como disse Heráclito, para os deuses "todas as coisas são lindas e justas".[3] Assim sendo, quando desafiamos os deuses, nós somos punidos.

Isso de certo modo é fatalismo, mas tem a grande vantagem de prevenir contra o orgulho e inculcar a consciência de que sempre há coisas a respeito do mundo e a respeito de situações que nós não podemos saber, e que portanto devem nos manter modestos. Os mistérios dos deuses que nós não podemos conhecer são assinaturas metafóricas de fatos em países distantes e em lugares dos quais os agentes políticos de

Washington, por exemplo, não podem ter conhecimento, e que destroem os seus planos. Não são só o Iraque e o Afeganistão que humilham os seus políticos. Isso também ocorre em lugares como Nigéria, África do Sul e Etiópia, que durante anos fizeram progressos, segundo se dizia, tornando-se, portanto, boas oportunidades de investimento, mas que sucumbiram ao conflito civil, à guerra e à condição de Estado falido. Como Édipo, nós nos tornamos sábios apenas quando nos conscientizamos do nosso próprio conhecimento incompleto. A nossa própria incapacidade para conhecer e dominar tudo é que, sugere Bowra, "nos deveria trazer paz de espírito". Quanto aos indivíduos excepcionais entre nós, que ascendem a altas posições de poder, eles mais cedo ou mais tarde acabam entrando em conflito direto com seus amigos e com os deuses. E os deuses sempre vencem aqueles que no fim das contas não são realmente modestos. A tragédia só é completa quando o protagonista compreende a sua própria insignificância. Os gregos são implacáveis quando se trata de deixar claro esse ponto. Eles "retratam níveis de sofrimento diante dos quais a sensibilidade moderna se encolhe".[4]

Compreender a nossa própria insignificância não é nem derrotismo nem covardia: é o oposto disso, na verdade. Mais uma vez, agir, e agir com bravura, mesmo sem ter em vista nenhum grande resultado, constitui o suprassumo da grandeza humana e nos traz de volta ao que de fato a tragédia é. Schopenhauer resume isso de forma brutal: "Aquele que não tem esperança também não tem medo".[5] Ele chama isso de desespero, mas pode haver uma linha tênue entre desespero e grandeza. Churchill manifestou ambos em momentos cruciais na Segunda Guerra Mundial. Vale lembrar que a conciliação, quando aconteceu em 1938, em Munique, foi uma decisão superficialmente racional, pois prometeu pelo menos adiar uma guerra em toda a Europa depois que a guerra anterior havia deixado muitos milhões de mortes apenas vinte anos atrás. Churchill tinha total consciência disso e das muitas fraquezas do seu próprio país quando a guerra teve início para valer, mas mesmo assim agiu absolutamente sem ilusão. A conciliação foi uma afronta ao seu orgulho imperial. Ele sabia, em termos mundanos, o equivalente ao que sabia Édipo sem ter de ficar cego, e estava resignado, com o terrível peso do mundo sobre os seus ombros. Churchill parecia ter consciência de que diante dos deuses ele próprio era insignificante. Foi essa serenidade interior, de quem acreditava estar no ponto de quietude de um mundo tortuoso, que lhe deu capacidade para agir. Ele pensou tragicamente, o que lhe permitiu evitar a tragédia. Churchill foi especialmente notável entre Munique e Pearl Harbor, quando a Grã-Bretanha ficou sozinha até que os Estados Unidos entrassem na guerra.

A tragédia não é fatalismo nem desespero, tampouco tem relação com o quietismo dos estoicos. A tragédia é compreensão. Pensar tragicamente permite que nos tornemos conscientes de todas as nossas limitações para que, dessa forma, possamos agir com mais eficiência. Assim como os deuses lutam uns contra os outros, homens e mulheres lutam contra os deuses, de maneira que o destino e a atuação humana se entrelacem: o destino frequentemente leva a melhor quando as pessoas não pensam tragicamente. A *Ilíada* é a maior obra sobre a guerra porque, narrando as maquinações de deuses e homens, tenta explicar por que as coisas acontecem do modo como acontecem. No final das contas, de acordo com Horácio, somente os deuses podem solucionar as situações mais difíceis, mas a ação humana é necessária para favorecer esse processo. E considerando que é impossível saber em que momento precisamente os deuses interferirão, homens e mulheres devem continuar lutando, mesmo sabendo que há um mecanismo mais elevado em ação. Esse mecanismo superior significa nada menos do que uma forma de ordem que transcende a do mundo de homens e mulheres. Pode ser injusto, mas como necessidade, deve ser aceito.

A guerra norte-americana no Afeganistão, que já dura duas décadas, dramatizou a luta entre destino e ação humana. O presidente George W. Bush invadiu o Afeganistão só depois que o Talibã fracassou na tentativa de ajudar a capturar os autores dos ataques de 11 de setembro. A subsequente derrubada do regime Talibã foi feita com criatividade e um mínimo de força militar. Nossos líderes mostraram saber como os afegãos haviam humilhado os soviéticos nos anos de 1980. Porém, depois que o regime foi deposto, os estabelecimentos de defesa e segurança dos Estados Unidos pararam de pensar tragicamente: enviaram um grande exército com uma burocracia decrépita e complexa para ocupar um país primitivo e de geografia irregular e montanhosa.

O Afeganistão pode ter sido perdido mesmo antes da dispersão da Guerra do Iraque. Por muitas semanas, em 2003, eu fui incorporado a uma sucessão de Forças Especiais do Exército no Afeganistão. Era quase sempre a mesma história. Os Boinas Verdes, operando em pequenas bases de artilharia, protegendo os moradores locais, propunham operações inovadoras que muitas vezes não chegavam ao conhecimento das pessoas que tomavam decisões no exército em Kabul e na Base Aérea de Bagram. Os Boinas Verdes, agentes não comissionados pertencentes à classe popular, que no mais das vezes tinham o ensino médio ou dois anos de faculdade comunitária, sempre receavam que algo pudesse dar errado e costumavam mostrar-se sensíveis à cultura na qual estavam imersos e que eles sabiam que não poderiam mudar muito. Esses Boinas Verdes em sua maioria não liam tragédia grega, mas a sua realidade de trabalhadores sem reconhecimento por seu esforço lhes ensinou a essência da tragédia.

Mas logo Washington assumiu e preferiu conduzir a guerra de uma maneira que lhe fosse cômoda, e não de uma maneira apropriada ao cenário na região. A situação se deteriorou. Comandantes inovadores surgiram e aplicaram princípios de contrarrevolução. O destino foi completamente rejeitado e substituído pela ação humana. Esse foi em parte um esforço heroico. Mas os deuses — nesse caso, a incurável afinidade afegã com o governo central corrupto e fraco — provaram-se insuperáveis, e os soldados afegãos que nós treinamos tinham muito pouco motivo para lutar em comparação com seus compatriotas, que lutavam pela religião. O Afeganistão, assim como Serra Leoa, assolada pela guerra, e assim como o Iraque depois de Saddam, oferecia os princípios de uma educação clássica.

CAPÍTULO 5

A ordem gera conflito perpétuo entre lealdade à família e lealdade ao Estado

EM 1993, EU ESTAVA PEDINDO CARONA DE TOGO PARA A DIREÇÃO
Oeste, até a Costa do Marfim, negociando em barricada após barricada na rodovia, que era controlada por soldados que exigiam dinheiro. Finalmente, perto de chegar ao meu destino, atravessei para a Costa do Marfim. Agora eu estava em um ônibus caindo aos pedaços. O ônibus foi subitamente parado por um grupo de homens esfarrapados e armados, sem uniformes, que exigiam que os passageiros fizessem fila para ter os seus pertences revistados. Eles claramente queriam extorquir as pessoas. Uma discussão teve início entre os passageiros e os homens armados. Vários grupos se formaram, e eu avistei um táxi a pouca distância de onde estava. Corri até ele, numa decisão impulsiva. Saltei para dentro do veículo, que rapidamente se pôs em movimento, e seguimos até Abidjã, a capital. Uma hora mais tarde, eu estava novamente num lugar em que aparentemente havia ordem: na maior cidade do país. Mais tarde, o país afundaria em quase uma década de anarquia antes de se recuperar gradualmente.

Não há alternativa possível para a ordem. Pergunte aos afegãos, que em meados dos anos 1990 voltaram-se para o Talibã em desespero após vários anos de anarquia durante os quais vários grupos de combatentes da resistência afegã lutavam pelo controle do país. Sem ordem é impossível haver civilização. Contudo, muitas vezes a ordem é opressiva, idiotizante, cruel. Há muitos exemplos de ordens cruéis, antigas e modernas,

nas quais o Estado tem força tão esmagadora que isso às vezes força as pessoas a serem desleais com gente da sua própria família. Também há muitos casos em que um indivíduo falsamente expressa absoluta lealdade a um Estado opressivo a fim de proteger sua família. Em ambas as situações, porém, não é conflito do bem contra o mal, mas sim de um bem contra outro bem: lealdade à ordem existente, que promove estabilidade ainda que seja injusta às vezes, contra lealdade à família, que é quase sempre um bem. A civilização e as ordens sociais podem existir e prosperar apenas quando ambas as lealdades prevalecem. Lealdades tribais, embora desprezadas como irracionais pelo pós-iluminismo ocidental, também são um bem em si mesmas, como sugeriu Santo Agostinho: embora as tribos se originem de relações de sangue, elas são uma forma de coesão social.[1]

Hegel compreendia a tragédia grega como a tensão entre uma vida ética vivida dentro de uma comunidade mais ampla e definida e uma vida ética vivida num ambiente de parentela consanguínea. Ambos os bens são legítimos, mas algumas vezes eles são antagônicos e, assim, não deixam ao protagonista alternativa a não ser praticar o mal, seja qual for a sua escolha.

A *Antígona* de Sófocles, escrita em 441 a.C., representava para Hegel a tragédia definitiva acerca do conflito entre lealdades à família e ao Estado. Ele considerava a peça "a obra de arte mais satisfatória, a mais soberba".[2] Há algo de indescritivelmente austero, majestoso e horrível na peça, com sua atmosfera de certeza matemática e maldição.

Antígona, filha de Édipo, que cuidou de seu pai cego até a morte dele, tem agora de se encarregar do sepultamento de um dos seus irmãos, Polinices. Polinices e seu irmão Etéocles haviam matado um ao outro num duelo que decidiria qual dos dois governaria Tebas. O tio deles, Creonte, herdou o trono e enterrou Etéocles com honras, mas porque Polinices havia se aliado a príncipes estrangeiros para invadir Tebas, Creonte o considerou um traidor e deixou que seu corpo apodrecesse a céu aberto. Ademais, Polinices era cruel e hedonista. Mesmo assim, ele era o irmão de Antígona, e os laços de sangue a obrigam a enterrá-lo. A heroína assim se vê presa entre o costume familiar e o decreto político. Para Hegel, tais escolhas podem ser "divisores de águas" na história, transições entre um tipo e outro de ordem.[3] Eis onde o drama pessoal, familiar se encontra com os destinos das cidades-estados e dos impérios.

    Antígona faz sua escolha. Ela começa a enterrar Polinices. Mais tarde, os guardas de Creonte descobrem que alguém cobriu os restos de Polinices com um pouco de terra; suspeitando de Antígona, eles a levam até o rei. Creonte a acusa de quebrar a lei. Antígona argumenta que existe uma lei superior de justiça que habita com os deuses. Embora Creonte esteja dominado pelo orgulho — uma das principais causas dos resultados trágicos —, ele no entanto quer apenas paz e ordem em seu reino. Ele acredita que o melhor seria deixar a questão de lado e ver Antígona casada com seu filho, Haemon. Dessa maneira seu governo seria legitimado aos olhos da elite do reino, e ele não seria odiado. Mas Antígona não se submete. Sua lealdade ao irmão vem em primeiro lugar, e ela deve terminar de enterrá-lo. Como argumenta Bowra sucintamente, "o enterro de Polinices é exigido pelos deuses e recusado por um homem".[4] Antígona dá prioridade à sua família e não à cidade, e então Creonte é forçado a sentenciá-la à morte.

    Creonte defende sua lógica e a justificativa do poder de Estado em geral:

> A anarquia é o pior dos males.
> Arruína as cidades, condena as casas,
> faz caírem os exércitos aliados.
> Homens que seguem bom caminho
> são sempre salvos pela obediência acima de tudo.
> Cabe a nós, portanto, defender a causa da ordem...[5]

    Sófocles estabelece um vínculo direto entre a recusa de Antígona a obedecer a seu rei e a possibilidade de anarquia. Para os modernos, que vivem sob uma grossa camada de autoridade burocrática, esse medo pode parecer exagerado. No mundo antigo, porém, somente o medo da anarquia preservava a autoridade. Essa é uma lição útil para se ter em mente nesses nossos tempos, tendo em vista o pesadelo da desordem não apenas dentro de Estados tomados individualmente, como a Costa do Marfim ou o Afeganistão, mas no sistema mundial como um todo.

> Contudo, a resposta de Antígona só pode ser esta:
> Que lei divina transgredi? Ai de mim!
> Como poderei ter ajuda dos deuses?[6]

Esse é o supremo apelo dramático, uma justificativa religiosa antes de mais nada: a necessidade de fazer o que é certo por amor e princípios, mesmo sem a possibilidade de se obter recompensa terrena ou reconhecimento.

Creonte confina Antígona numa caverna com comida para apenas um dia. Tirésias, o profeta cego, faz uma advertência contra essa decisão. Depois de algum tempo, o desconsolado Creonte finalmente cede. Ele manda enterrar Polinices e agora está pronto para perdoar Antígona. Mas Antígona já havia se enforcado. Haemon, seu noivo, e Eurídice, mulher de Creonte, matam-se então de tristeza. A tragédia grega não permite escapatória em seu universo ordenado, quase mecânico. A violência pode parecer quase sem sentido.

No entanto, assim como acontece com tantas tragédias gregas, a verdade moral da história é complexa. "Antígona sabe que as leis dos deuses são a base da ordem e da moralidade humanas", observa Bowra.[7] Porém o tirano Creonte também tem a sua parcela de razão. Ele é devotado à cidade mais do que a laços de parentesco. Ele considera a terra território político não subordinado a laços de sangue. Ele simboliza controle sobre a natureza, ao passo que a obsessão de Antígona por enterrar seu irmão indica "união e afinidade" com a natureza. Creonte simboliza o racional; Antígona simboliza o emocional. "É parte da situação trágica da peça que nem a família nem a cidade mostrem ser um núcleo de valores civilizados", observa o falecido professor de literatura clássica de Harvard Charles Segal.[8]

Por mais austero e rígido que seja, Sófocles não é dado a soluções perfeitamente claras. Ele é moral sem ser moralista; intenso, porém sem paixão. Volto a repetir: muitas vezes a paixão é inimiga da análise.

Paixão é conveniente quando aqueles que são consumidos por ela — colunistas ou articulistas, por exemplo — não carregam o peso da responsabilidade burocrática.

Entretanto nós temos Eurípides, que cativa mais a nossa sensibilidade moderna justamente em razão da sua preocupação com o efeito da guerra sobre as famílias. Enquanto Ésquilo e Sófocles não permitem escapatória dos dilemas que eles criam, sugerindo que a tragédia exige que aceitemos um mundo vastamente imperfeito, que é ao mesmo tempo impregnado de assombro, Eurípides sugere que se lute por um mundo melhor, porque existem crueldades que nós simplesmente não devemos aceitar. Ele é mais vivaz, menos arcaico e mais acessível do que Ésquilo e Sófocles. Entre todos os escritores de tragédia, Eurípides é o amigo da sociedade humanitária. Talvez seja por esse motivo que alguns críticos consideram que Eurípides marca o fim da tragédia em sua forma mais pura e descompromissada.

Eurípides escreveu *Ifigênia em Áulis* pouco antes da sua morte, em 406 a.C. É provável que a peça tenha tido vários autores. Como *Antígona*, ela trata do conflito entre a obrigação para com a família e a obrigação para com o Estado. A história se passa em Áulis, na Beócia, onde uma frota grega com mil navios está reunida, pronta para zarpar para Troia a fim de sitiar a cidade do inimigo no início da Guerra de Troia. Mas a frota fica parada devido a uma estranha falta de vento. O profeta Calchas informa a Agamêmnon, o comandante grego, que a deusa Ártemis está muito descontente com ele e por isso reteve os ventos. Para apaziguar Ártemis, Calchas diz a Agamêmnon que ele deve sacrificar Ifigênia, sua filha mais velha. Agamêmnon fica horrorizado diante do que o profeta lhe diz que tem de ser feito. Porém, ele precisa levar em consideração essa medida, pois suas tropas reunidas aguardam ansiosas na praia, sedentas por sangue. Então ele envia uma carta para a sua esposa, Clitemnestra, pedindo-lhe que leve Ifigênia a Áulis, onde ela deverá se casar com o guerreiro grego Aquiles. Contudo, Agamêmnon logo muda de ideia e envia outra carta para a sua esposa, dizendo-lhe para ignorar a primeira carta. Mas a segunda carta é interceptada por Menelau, irmão de Agamêmnon, que está furioso com ele por sua indecisão e sua mudança de atitude. Afinal, o estopim para a guerra foi o rapto de Helena, esposa de Menelau, pelos troianos. Os irmãos discutem. Agamêmnon implora:

> Não entregarei minha própria filha à morte; não atentarei contra a justiça para que possas realizar a sua vingança por sua esposa meretriz enquanto me consumo em pranto dia e noite por meu ato espúrio, por meus crimes contra minha própria filha![9]

Ifigênia e Clitemnestra chegam ao campo militar de Áulis, depois de receberem a primeira carta, porém não a segunda. Agamêmnon está devastado e diz às duas:

> Será terrível para mim ter de levar isso adiante e igualmente terrível se eu não o fizer... Vê a magnitude dos preparativos navais para essa guerra, o enorme número de guerreiros gregos, armados em bronze, para os quais não haverá jornada para conquistar as torres troianas e destruir as gloriosas fundações de Troia a menos que eu te sacrifique [Ifigênia], como recomendou o profeta Calchas. O exército grego queima em fúria ardente, consumido pelo desejo intenso de se lançar ao mar a toda brida contra aquela terra estrangeira e suas forças... Esses homens matarão minhas jovens filhas em Argos e também matarão a mim e a vocês, se eu ignorar o que ordenam os oráculos dos deuses.[10]

Eis o verdadeiro sentimento dos que exercem altos postos. Agamêmnon tem toda a autoridade, mas suas alternativas são realmente abomináveis, mesmo que se encontre ameaçado e pressionado por homens que estão oficialmente sob seu comando. Ele pode apenas invejar o homem e soldado comum, que não tem de carregar tais fardos. O paradoxo do poder é estar no comando, porém não ter completo controle.

Temerosa do que os soldados sob o comando do seu marido possam fazer se Agamêmnon não sacrificar Ifigênia, Clitemnestra diz:

> Sim, a turba é uma maldição e é apavorante.[11]

Clitemnestra então pergunta a Aquiles, que promete defender Ifigênia, se alguém poderia de fato colocar as mãos em sua menina. Aquiles responde:

Homens passam dos limites... [12]

No final, a própria Ifigênia resolve a questão aceitando nobremente o seu destino:

> Mãe, refleti e tomei minha decisão, estou disposta a morrer... Depende de mim que a frota se ponha em movimento... Está em minhas mãos impedir que os bárbaros levem da próspera Grécia as nossas mulheres ... Eu tornarei tudo isso possível com a minha morte, e a minha fama como a libertadora da Grécia se provará abençoada... Gerou-me para ser a filha de todos os gregos, não a sua filha somente. Incontáveis homens... terão a coragem de se lançarem sobre o inimigo... Devo eu colocar-me no caminho deles? Onde estaria a justiça nisso?[13]

Essa conclusão nos mostra que uma vida jovem e inocente é sacrificada pelas frias maquinações do Estado e por um profeta ambicioso. E ainda assim o Estado, com todas as suas imperfeições monstruosas, deve existir para monopolizar a violência a fim de que a humanidade não se limite a uma interminável matança por vingança. O Estado nos resgata de uma condição primitiva. Eurípides sabe que o mundo não pode ser consertado, mas está empenhado a nos fazer sentir a dor do mundo.

O fato de que o Estado deve monopolizar o uso da violência nos resgata do pior dos destinos: a anarquia. Mas nós não devemos fechar os olhos para a crueldade e a sede de sangue que o próprio Estado demonstra ter. Eu não me refiro apenas às famosas tiranias industrializadas do século vinte, como a Alemanha nazista e a União Soviética de Stalin, que tomaram o poder estatal por um período obscenamente longo. Eu falo de algo mais mundano: o Estado ou império em sua forma primitiva, cujos valores podem ser um pouco melhores que a anarquia hobbesiana a qual pretendia anular. A própria tensão entre lealdade ao Estado e lealdade à família, embora não tenha solução, ajuda a manter o Estado dentro de limites morais razoáveis.

Em *Coriolano*, uma das últimas tragédias de Shakespeare, ambientada nos primeiros anos da República Romana, nós vemos o patriotismo ganhar um contorno particularmente sangrento e niilista, no qual o amor da família às vezes quase desaparece. Embora haja mães e amantes valentes ao longo da história, há algo de aterrador no fato de Volumnia, mãe de Coriolano, dizer que, se seu filho fosse seu marido, ela "sentiria muito mais alegria" em sua ausência quando ele estivesse em busca de honra no campo de batalha "do que em sua companhia na cama".[14] Ela prossegue dizendo que, se tivesse doze filhos, preferiria ver "onze morrerem nobremente por seu país do que ver um engordando voluptuosamente sem participar de combates".[15] Mães patriotas podem aceitar a morte dos seus filhos em batalha, mas a maioria não suporta o peso de tal infortúnio. Elas jamais se alegrariam nem ficariam gratas por isso. Volumnia é diferente.

Coriolano é implacável, sanguinário, intransigente e orgulhoso, e qualquer ideia de humanidade o enche de raiva. Há algo de profundamente arcaico nele. Ele parece não ter nenhuma vida interior, nem espiritual, nem secular. Constitui a soma de um Estado conflituoso e uma cultura voltada apenas para a guerra, e o coração cruel de Volumnia deixa isso ainda mais evidente. O conflito entre lealdade à família e lealdade ao Estado não humaniza esses personagens como acontece na tragédia grega. Shakespeare descreve um Estado guerreiro que quase sufoca a humanidade. *Coriolano*, peça escrita na primeira década do século dezessete, parece mais distante de nós do que *Antígona* e *Ifigênia*, ambas escritas dois mil anos antes. A mãe de Coriolano chora por Roma e, apenas no final da peça, depois que Coriolano é morto pelos inimigos de Roma, os Volscos, ela implora por paz. A tragédia reside no fato de que tanto a mãe quanto o filho percebem tarde demais a quem são genuinamente leais.

"Não há exame de consciência na Roma de *Coriolano* porque não há almas desenvolvidas o suficiente para que aconteça a introspecção", escreve Paul A. Cantor, estudioso de Shakespeare. Há somente "a grandeza das estátuas". Citando o crítico inglês do início do século XIX William Hazlitt, Harold Bloom disse que Coriolano vive apenas dentro da "insolência do poder".[16] Certamente o poder não é algo que se deva idolatrar, mas sim algo que devemos reconhecer como necessário.

O poder inerente ao Estado gera um conflito entre opostos: entre a lealdade ao Estado e a lealdade pessoal à família. A genialidade dos gregos e de Shakespeare é mostrar a unidade desses opostos por meio do sofrimento. O que os personagens em *Coriolano* sofrem no final da peça é o que os personagens em *Antígona* e *Ifigênia* sofrem ao longo das peças — os protagonistas gregos literalmente *vivem* esse conflito. E nesse conflito é que reside o fato de que o Estado deve monopolizar o uso da força para ser Estado. Não existe outra saída.

O ponto crucial da questão é quando o Estado se torna tão tirânico que perde a legitimidade, levando a duvidar de que isso possa ser um ato moral. Lembre-se de que Camus disse que, mesmo nesse momento, o rebelde que desafia um Estado tirânico deve ter em mente uma ordem alternativa de governo para implementar, do contrário sua rebelião perde legitimidade, já que a anarquia é pior do que a tirania. Nós vimos esse dilema acontecer durante a Primavera Árabe na Síria e na Líbia, onde ordens tirânicas foram justificadamente desafiadas, mas onde o resultado foi o mais profundo inferno de anarquia, porque os rebeldes foram incapazes de estabelecer ordens alternativas. E falando mais diretamente, embora o regime de Saddam Hussein no Iraque não tenha rival contemporâneo em termos de brutalidade, exceto talvez a Coreia do Norte, desafiá-lo era imoral a menos que houvesse um plano específico e bem-elaborado para instalar um regime alternativo mais evoluído. Mais uma vez: não costuma haver escapatória para esse dilema.

CAPÍTULO 6

O Estado se converte em fonte de ambição

A MAIORIA DOS HOMENS NÃO É FORÇADA A COMETER VIOLÊNCIA, mas nós somos atraídos para ela. Quanto mais próximos os homens estão do uso da força — sobretudo quanto mais próximos estão burocraticamente do uso da força — mais realizados eles se tornam. Especializar-se em estudos relacionados à guerra e, melhor ainda, trabalhar em um lugar como o Pentágono são substitutos para a participação direta num combate. As mulheres agora também tomam parte em combates e ocupam muitos postos executivos e administrativos na área militar. Mas a guerra foi historicamente domínio de homens e foco das suas ambições. Na era moderna, a competição pelo poder burocrático tem sido feroz, porque é o Estado que geralmente monopoliza o uso legítimo da violência.

Em Washington, a competição entre homens e mulheres por um número limitado de altos cargos no governo assemelha-se a um esporte sangrento. Mesmo quando alguém conquista tal posição, a sua sorte ainda pode acabar, e, se a sua associação com alguma guerra ou estratégia fracassar, isso pode significar humilhação sem fim para essa pessoa; os oficiais associados à Guerra do Iraque são os melhores exemplos disso. Ainda assim, resistir ao poder é difícil. Percebi ao longo do tempo que as pessoas trocarão com alegria uma carreira de negócios lucrativa por um emprego mal pago no governo, no qual a *vocação para servir* pode mascarar outros objetivos. É principalmente quando a guerra está envolvida, ou pelo menos é considerada, que as rivalidades pessoais se acirram, devido às altas apostas e também ao apetite por violência. Princípios elevados podem ocultar motivos não tão elevados. Até mesmo profetas são corrompidos pela ambição: Agamêmnon, contorcendo-se em agonia pelo destino de Ifigênia, suspeita das intenções do profeta Calchas.[1]

Os gregos diriam que, porque as pessoas devem no final das contas entrar em conflito com os deuses, é inevitável a humilhação por meio do destino e de outras forças insuperáveis. Do ponto de vista dos gregos, a tragédia tem suas raízes na força e no talento humanos, que despertam inveja nos deuses; essa seria a explicação para o fato de que são os melhores entre nós que sucumbem à tragédia. Já Shakespeare toma o caminho contrário criando a tragédia não a partir da força humana, mas a partir da fraqueza: as ambições e os instintos que nós não podemos controlar.[2] A ambição nos faz esquecer nossas origens — o lugar de onde viemos — e assim nos desorienta, como explica Brutus em sua alusão à "escada da ambição do jovem".[3]

Algumas das mais memoráveis passagens de *Júlio César* envolvem o irresistível apelo da ambição, que, como a inveja, é um dos impulsos que definem o comportamento, principalmente entre elites governantes. "Esse Cássio tem olhar intimidador e ávido, / Ele pensa demais: homens assim são perigosos", diz César imerso em preocupação.[4] Ele lê bem a mente de Cássio. Cássio diz a respeito de César: "Por que ele cavalga o mundo / Como um Colosso, e nós, homens insignificantes / Caminhamos sob as suas enormes pernas e espiamos aqui e ali / Em busca dos nossos túmulos desonrosos?"[5] "Por que o nome de César deve ser mais ouvido que o nosso?", Cássio continua a perguntar.

No final, o caráter é tudo e supera o conhecimento e a habilidade. Eu já vi isso repetidas vezes em Washington — tantas vezes que, quando alguém é designado como secretário de Estado ou de Defesa, eu procuro avaliar não o seu currículo, mas que decisões tomariam em meio a uma crise. Dick Cheney, Donald Rumsfeld e Paul Wolfowitz tiveram todos longos e excelentes desempenhos no serviço público. Tanto Cheney quanto Rumsfeld já haviam sido secretários de Defesa bem-sucedidos na época em que assumiram o cargo na administração de Bush filho.

Wolfowitz serviu com êxito como subsecretário de Defesa, como secretário-assistente de Estado e como embaixador num país importante: a Indonésia. Mas currículos informavam mal, pois tudo se resumia a caráter e personalidade em determinado momento — imediatamente após os ataques de 11 de setembro.

Os gregos têm seus limites quanto a essa questão. Ulisses era honesto ou desonesto, trapaceiro ou não, diz-nos Sófocles repetidamente, conforme o que determinavam os deuses ou a situação.[6] A representação da personalidade como um agente moral ou imoral na verdade começa com Shakespeare. É por isso, acredita Harold Bloom, que "o culto a Shakespeare" deveria ser considerado "a religião secular" do Ocidente... "a nossa mitologia."[7]

E Shakespeare nos leva a um fator crítico em comportamento político: a questão da velocidade, do ritmo. A consciência é inimiga da ação, Hamlet sugere.[8] Não agir é vegetar. Em *Júlio César*, Brutus diz que no intervalo de tempo entre a decisão de fazer "algo terrível" e o início da ação propriamente dita ocorre um vasto e complexo drama interior, uma "insurreição" mental que determina o caráter da pessoa e o curso dos eventos.[9] A maioria das pessoas hesita e chega até a desistir de agir de modo decisivo, mas Macbeth se opõe a isso. Seu implacável poder de antecipação é sem igual em toda a literatura. Macbeth é o oposto de Brutus (e de Hamlet, é claro), que consulta sistematicamente a sua consciência antes de agir: Brutus, diferente de Cássio, é menos consumido pela ambição do que pelo medo do que o ditador César possa se tornar. Contudo, como Macbeth é tomado pela antecipação e raramente hesita, há uma velocidade diabólica em suas ações e na peça que leva o seu nome. Tudo acontece rapidamente em *Macbeth*. Há pouca reflexão ou autoconsciência. A velocidade é inimiga da vida interior e da consciência, com todos os seus conflitos da alma. Macbeth vive o momento com singular intensidade animal, um pouco como o Raskólnikov de Dostoiévski, embora um seja lorde e o outro pobre (e embora Macbeth tenha pouca autoconsciência e Raskólnikov tenha tanta autoconsciência que se entregue à monomania). Macbeth tem os movimentos mais rápidos da selva.

Enquanto Macbeth é todo ação, Lady Macbeth é pura vontade: "Torne-me assexuada", ela diz, e "encha-me da mais medonha crueldade".[10] O amor deles é grande e me faz pensar em outros ditadores e líderes nacionais violentos sobre os quais eu escrevi como jornalista, homens que eram inseparáveis das trevas, estimulando as ambições de suas mulheres: Nicolae Ceaușescu, da Romênia; Zviad Gamsakhurdia, da Geórgia; e Slobodan Milošević, da Iugoslávia. Eles governavam com suas esposas como casais, embora extraoficialmente. Evidentemente, o clássico líder do século xx com uma mulher ambiciosa foi Juan Perón, da Argentina. Sem ambição, homens e mulheres não podem buscar aperfeiçoar o mundo.

Porém, a ambição pode estar fortemente ligada a decisões erradas e ao desastre. A histórica ambição de Putin era unir a Ucrânia à terra natal Rússia. E veja o que aconteceu.

Toda decisão humana importante está no fio da navalha. O que particularmente se destaca, como vemos em *Rei Lear*, é como a mais pessoal das questões pode acabar com um Estado ou com um reino. É por esse motivo que o drama nas altas esferas da política e da diplomacia é essencialmente shakespeariano, isto é, marcado pelo mais pessoal dos motivos. *Lear* é a suprema tragédia familiar e política: para piorar, as duas estão interligadas. Onde deveria haver ordem, tradição e sucessão, há apenas caos e desolação depois que Lear abdica da autoridade. Harold Bloom sugere que depois de *Lear* a autoridade e a realeza no mundo ocidental nunca mais foram as mesmas. Há em *Lear* uma tristeza sufocante que não se compara às outras tragédias de Shakespeare. Como escreve George Steiner, *Lear* não oferece solução "para a torção da rede que derruba o herói", já que "a trama é tecida no coração da vida".[11] Não existe mecanismo regular pelo qual Lear possa se aposentar do trono, mesmo que esteja debilitado pela idade. E suas filhas, exceto Cordélia, são corroídas pela ambição e pela desonestidade. A tragédia, que encontra significado em todo o horror da vida, é um triângulo formado por ambição, violência e anarquia.

Antônio condena o caos que se desencadeia com o assassinato de César: "Esse ato asqueroso deve se espalhar sobre a terra / Como cadáveres implorando por enterro"[12]. Quando a ambição leva ao caos, essa é a quintessência da tragédia. Derrube um líder e veja o que acontece: isso raramente acaba bem. Eu conheci bem de perto o horror do governo de Saddam Hussein no Iraque como repórter, anos antes de o mundo voltar a atenção para ele — em 1986, tive o meu passaporte confiscado por dez dias pelas autoridades do regime antes que eles permitissem que eu me juntasse a uma facção de combatentes curdos apoiados por Saddam contra o Irã. Fiquei apavorado nessa ocasião e em todas as ocasiões em que estive no Iraque, e quis que Saddam caísse. E eu era ambicioso. Mesmo tendo advertido a imprensa de que o Iraque corria o risco de mergulhar no caos numa era pós-Saddam, o próprio choque dos ataques de 11 de setembro, somado com os recentes triunfos dos militares norte-americanos nas intervenções de 1990 nos Bálcãs e na primeira Guerra do Golfo, convenceram-me de que estava agora próximo um momento histórico: o de remover o pior tirano do Oriente Médio e construir uma forma de ordem melhor e mais humana. Quantas guerras malsucedidas começam com uma grande ambição que mais tarde abre caminho para profundas feridas? O medo é a única maneira de escapar da ambição. Não o medo pessoal, do tipo que eu senti no Iraque, mas o medo divino de forças superiores em ação. Putin não tinha tal medo antes de invadir a Ucrânia. Esse medo traz em si a imensa esperança de que sejamos alertados para o perigo mais à frente. A antecipação apreensiva é também um requisito para a ação moral.

CAPÍTULO 7

Ambição e luta contra a tirania e a injustiça

ÉSQUILO PODE TER OU NÃO TER ESCRITO *PROMETEU ACORRENTADO*, uma peça tão perfeita e incrível que o sofrimento que ela descreve é como a primeira dor sentida no universo. Ela mostra como os gregos viam o lado negro dos seus próprios deuses. Prometeu, que deu o fogo e as artes ao homem e que é capaz de prever o futuro, a mando de Zeus é acorrentado a uma rocha no Cáucaso, onde uma "águia de cor vermelho-sangue" continuamente rasga o seu fígado. O que ele pode fazer?! Prometeu diz:

> Ninguém pode lutar contra o inevitável.
> Foi esse, contudo, o destino esmagador — não posso erguer a voz em protesto.
> Não posso silenciar! — que atraí para mim,
> quando concedi aos homens o privilégio do poder... [1]

E o coro faz ecoar por todo o mundo o seu lamento pela tirania de Zeus:

> Com suas próprias leis, odiosas leis, o arrogante Zeus
> Aguilhoa os deuses antigos com a lança afiada do seu orgulho.
> E em toda a terra já se erguem lamentos e súplicas em resposta...[2]

"Mas nada pode abater Prometeu, nenhuma ameaça, nenhuma tortura", observa Edith Hamilton. "Seu nome atravessou os séculos, desde a época dos gregos até a nossa, como o do grande rebelde contra a injustiça e a autoridade do poder."[3] É por esse motivo que Camus denomina Prometeu "o primeiro rebelde".[4] E no entanto, por mais que este ou aquele rebelde sofra, ele deve extrair algum conforto da retidão da sua causa e do romantismo muitas vezes ligado a ela. Rebeldes são amados pelas elites literárias, artísticas e jornalísticas. Eles não podem fazer nada de errado, já que defendem ideais sem precisar carregar o fardo da responsabilidade burocrática — o que sempre complica as coisas, exige compromissos desagradáveis e leva a consequências inesperadas. Lutadores em prol da liberdade não precisam barganhar nem fazer concessões e podem, assim, continuar puros em seus ideais. O tirano, por outro lado —, seja ele Zeus ou um ditador moderno, ou ainda um presidente norte-americano eleito democraticamente — lida com o peso de ter de governar e causar sofrimento escolhendo um bem em vez de outro. Desse modo, até mesmo um bom tirano raramente é amado. Porém, como escreve Robert Browning em relação a Agamêmnon, o tirano é também digno de pena, "Caminhando com ar imperial calmamente até a sua morte / Enquanto ao seu redor avoluma-se a sombra sinistra da destruição que se aproxima".[5] Em certa ocasião, eu entrevistei um sobrinho do ditador romeno Nicolae Ceauşescu, que me revelou que seu tio "parecia sempre apreensivo, preocupado. Ele não conseguia viver o momento". De fato, "o tirano sabe que todos são seus inimigos e que deve, por isso, tentar satisfazer as necessidades dos que estão mais próximos dele — ou então aumentará o risco de ter um destino horrível".[6]

Quanto maior e mais intensa é a tirania, mais o próprio ditador sente medo e maior é a sua solidão. Eu vi Nicolae Ceauşescu em pessoa certa vez, e de perto; foi em meados de 1980, num congresso do Partido Comunista Romeno, em Bucareste. Ele falou ininterruptamente durante várias horas. Antes e depois do seu discurso, o salão foi tomado por aplausos e gritos de "Ceau-se-scu, Ceau-se-scu". As pessoas permaneceram de pé e cantando até que ele abruptamente fizesse um sinal para que parassem. Qualquer um que parasse de cantar antes dos outros corria o risco de ser preso e até de algo pior. O medo era palpável e estava em todos os lugares. E ainda assim, como sugeriu o seu sobrinho, o próprio Ceaușescu vivia com medo. Todas aquelas pessoas no grande salão e muitas mais do lado de fora poderiam se voltar contra ele no instante em que sentissem alguma fraqueza de sua parte — como ocorreu no Natal de 1989, em acontecimentos que culminaram na execução rápida dele e de sua mulher. As longas filas ao amanhecer para comprar pão duro sob o inverno congelante, as filas para combustível, os camponeses trazidos das regiões rurais para manifestações em honra ao ditador, os verdadeiros campos de trabalho escravo na lama gelada do leste da Valáquia e as outras monstruosidades do seu governo — todas testemunhadas por mim em muitas visitas à Romênia na última década da Guerra Fria — despertaram um ódio que cresceu lentamente em parte da população. Num regime que para existir dependia do medo e do isolamento mútuo dos seus cidadãos, ninguém vivia com mais medo e mais isolado do que o próprio ditador. As pessoas mantiveram suas cabeças obedientemente abaixadas na Romênia durante décadas, até que subitamente arreganharam os dentes.

O tirano não pode subjugar a natureza humana, e revoltar-se faz parte dessa natureza. O homem é prodigioso. Se ele pode superar o mundo natural, ele pode superar a tirania. "Ele tem meios contra tudo e artifício para enfrentar qualquer situação", entoa o coro em *Antígona*, na famosa "Ode ao Homem".[7] Humanos, não deuses, constroem o destino, ainda que as ambições entremeadas e conflitantes de infinitas multidões construam um destino indecifrável.

Esse é o enigma da existência.

E sempre houve a certeza da morte, piorada pelo fato de que, por um longo período, durante os anos de declínio do Paganismo e antes da difusão do Cristianismo, houve pouca crença verdadeira em vida após a morte. É essa certeza que confere um contexto heroico às lutas do rebelde e do tirano. Considere o humor sombrio da cena do cemitério em *Hamlet*. Em algumas poucas linhas simples, Shakespeare revela a grandeza humana em toda a sua plenitude. Hamlet: "Esse crânio já teve uma língua e já foi capaz de cantar um dia". Hamlet mais uma vez: "Alexandre morreu,

Alexandre foi enterrado, Alexandre retornou ao pó; o pó é terra; da terra nós fazemos o barro; e por que sobre esse barro em que ele se converteu eles não colocariam um barril de cerveja?"[8] Ossos e pó, eis para onde isso tudo leva. Mas embora a morte — o esquecimento — seja destino certo, Hamlet não vai fingir que tudo está bem. Sua ação reside em sua consciência e nela se encontra toda a grandeza da história. Schopenhauer tem palavras melhores para isso: o homem "descobre adversários em todo lugar, vive em conflito contínuo e morre com uma espada na mão".[9]

Em outras palavras, a humanidade é ambiciosa. Sem dúvida a ambição tem um lado positivo, e inúmeros exemplos mostram isso. Desenvolvimento político e econômico é impossível sem ambição. Estados bem-projetados e que funcionam aproveitam a ambição, ao passo que regimes duramente autoritários a reprimem. Costuma ser por meio de simples ambição pessoal que nós moldamos e aperfeiçoamos o mundo. Ainda que injusto, o Estado não obstante necessita de ambição — sempre sustentada pelo medo! — para desafiar a autoridade.

A oscilação correta entre coragem e medo leva a melhores resultados na política. Coragem apenas, apoiada pela ambição, pode resultar em catástrofe irresponsável, enquanto o medo por si só imobiliza os elaboradores de políticas. O que motivou Chamberlain em Munique foi o medo de outra guerra mundial desnecessária. Eu escrevo essas linhas consciente de que os desafios que os Estados Unidos têm pela frente são monumentais. No fim das contas, Afeganistão e Iraque foram guerras imperiais, limitadas, das quais os Estados Unidos — com sua geografia continental vasta e rica em recursos, guardada por oceanos — podem se recuperar. As baixas que sofreram nesses conflitos foram esmagadoramente menores do que suas baixas na Coreia e no Vietnã, das quais se recuperaram para vencer a Guerra Fria. Porém, agora há uma tensa rivalidade entre três potências nucleares: Estados Unidos, China e Rússia, Estados esses que também contam com imensos estoques de armas de precisão e assustadores recursos de informática. O nível e a qualidade dos erros de julgamento cometidos no Afeganistão e no Iraque levariam o mundo à catástrofe nessa nova era. De agora em diante, os elaboradores de políticas de Washington deveriam buscar um equilíbrio entre medo e ambição, como fizeram nossos elaboradores de políticas durante longos períodos da Guerra Fria.

Foi isso que se deu com Eisenhower, o primeiro presidente a ter um vasto arsenal nuclear à sua disposição, mas que, no entanto, rejeitou orientações dos seus conselheiros para usar tais armas a fim de obter vantagem para os Estados Unidos em diversas situações de crise, estabelecendo dessa maneira um precedente para as décadas que se seguiriam. Em 1953, Eisenhower rejeitou lutar para obter uma vitória absoluta na Coreia; em vez disso, ficou satisfeito com um armistício. Seu "meio-termo" no terreno da estratégia era a consequência orgânica de um caráter e uma personalidade bastante sólidos. Ele se candidatou à presidência a fim de salvar o Partido Republicano e o país do isolacionismo do senador Robert Taft e do anticomunismo insano do senador Joseph McCarthy. Ele decidiu não socorrer militarmente a França depois do seu catastrófico fracasso em Dien Bien Phu no Vietnã, em 1954, temendo envolvimento numa guerra terrestre na Ásia, e não interferiu contra os soviéticos depois que eles esmagaram a Revolução Húngara em 1956, porque sabia bem quão frágil era o equilíbrio termonuclear entre os Estados Unidos e a União Soviética. Olhando em retrospecto, os anos 1950 podem parecer desinteressantes e pacíficos, mas só foram assim em razão do pessimismo construtivo de Eisenhower. Tendo comandado a invasão da Normandia, governou guiado tanto pelo medo quanto pela ambição.

CAPÍTULO 8

Os horrores da guerra

QUANDO PENSO NAS EXPERIÊNCIAS QUE VIVI COMO JORNA-lista nas guerras do Iraque e do Afeganistão, eu me lembro dessa passagem do *Agamêmnon* de Ésquilo:

> Vocês não fazem ideia do nosso sofrimento! — Nossos alojamentos toscos,
> sem espaço para nos deitar direito nos passadiços apinhados das nossas galés...
> Ou, na costa Troiana (ainda mais odioso!).
> Viver acampados abaixo de uma muralha hostil,
> encharcados pela maldita chuva que sem parar caía do céu.
> E pelo orvalho do campo, que deixava nossas roupas cheias de insetos![1]

Não é somente o perigo óbvio de ser morto ou ferido que torna a guerra horrível; é o implacável medo de estar em tal situação, somado ao extremo desconforto físico que não dá trégua e que você sabe que será o mesmo, dia após dia. O castigo infligido pelas condições climáticas extremas, o chão duro no qual você dorme, a impossibilidade de lavar-se e de cuidar das necessidades do corpo, os cheiros cáusticos, as privações sensoriais, a comida muito ruim e sempre igual — tudo combina com a regularidade da violência bastante próxima para tornar a guerra inimaginavelmente abominável. Embora eu já tivesse testemunhado na África Ocidental a criminalidade de soldados adolescentes no início de 1990, foi a Primeira Batalha de Fallujah no Iraque, em abril de 2004, que me deixou para sempre temeroso de defender a guerra.

Em Fallujah eu ficava aterrorizado o tempo todo e só conseguia encobrir meu medo escrevendo incessantemente em meu caderno de anotações sobre o que via e ouvia. E o que eu via e ouvia era o caos do fogo de artilharia surgindo a todo instante de várias direções, misturado com o pó e a sujeira dos arredores, caos esse que continuou não por minutos nem por horas, mas por dias: dias que pareciam arrastar-se como anos e foram a intensa somatória do que eu já havia testemunhado com os fuzileiros navais durante semanas na província de Anbar, no Iraque. E essa, por sua vez, foi uma intensificação muito maior do que eu havia experimentado com as equipes das Forças Especiais do Exército no leste e no sul do Afeganistão meses antes.

Uma guerra, mesmo quando é travada entre gente respeitável e é relativamente limpa, com poucas ou nenhuma baixa civil, ainda assim não deixa de ser um absoluto inferno. Apenas aqueles que jamais sentiram na pele o impacto de uma guerra dão-se ao luxo de defendê-la com a consciência tranquila.

Quanto a equiparar guerra com honra, Falstaff, em *Henrique IV*, parte 1 de Shakespeare, discorre sobre essa questão com sua habitual ironia mordaz:

> A honra pode colocar uma perna no lugar? Não. Pode colocar um braço? Não. Pode tirar a dor de um ferimento? Não. A honra tem habilidades cirúrgicas? Não. O que é honra? É uma palavra. O que há nessa palavra honra? O que é essa honra? É ar. Um ajuste de contas! Quem tem honra? O sujeito que morreu na quarta-feira. Ele sente essa honra? Não. Ele pode ouvi-la? Não.[2]

Em resumo, idealizar a violência, sejam quais forem as circunstâncias, é monstruoso e também ingênuo. Ésquilo, Sófocles e Eurípides percebem isso, todos eles, porém Ésquilo e Sófocles estão preocupados principalmente com os efeitos da violência no Estado e na sociedade, enquanto Eurípides se aprofunda nos efeitos da violência sobre o indivíduo. E ele faz isso com um espírito genuíno de desgosto e revolta. Ele tem o poder de julgar. Dessa maneira, há uma camada de argumentação distintamente moderna em suas peças. Como sugere F. L. Lucas, Eurípides foi um dos primeiros escritores na história "a transcenderem as fronteiras do país e tornarem-se bons cidadãos do mundo."[3] As palavras e os pensamentos de Sófocles podiam ser finamente talhados, mas foram as peças de Eurípides que deixaram uma impressão inalienável em minha memória — particularmente após minhas várias visitas ao Iraque e ao Afeganistão devastados pela guerra.

Obviamente, o problema é que às vezes a guerra é inevitável — considerando que se esquivar dela ameaçaria diretamente o interesse nacional e deixaria o mundo nas mãos daqueles que criassem uma ordem mais brutal e repressiva do que você. Por isso, torna-se necessário inculcar nos cidadãos um medo absoluto da guerra, para que eles saibam que são extremamente raras as ocasiões em que a guerra é apropriada. As duas coisas que podem tornar isso possível são a literatura e a experiência: a experiência real da guerra e a literatura que a reproduz. Ninguém supera Eurípides nesse aspecto.

Eurípides torna-se duplamente importante porque, no Vietnã e no Iraque, os Estados Unidos falharam no teste de saber quando ir à guerra. Além disso, um exército todo de voluntários se formou em duas gerações, e poucos tiveram experiência e treinamento de combate que instilam uma severidade visceral com relação à guerra, tornando uma obra literária como a de Eurípides ainda mais necessária. De resto, nas mentes dos comentadores — muitos dos quais têm vários diplomas e muito pouca experiência de vida — a guerra é subestimada, todos os anos se tornam 1939 e todo adversário é Hitler.

Como muitos atenienses, no início Eurípides ficou chocado com o militarismo espartano e considerou justa a Guerra do Peloponeso. Na segunda década do conflito, porém, ele já estava bastante desiludido, e o que finalmente o repugnou foi o massacre que as forças atenienses perpetraram contra civis na pequena ilha de Melos, em 416 a.C. Os acontecimentos se deram da seguinte forma: várias incursões e ataques de surpresa foram feitos contra Melos, mas fracassaram na tentativa de fazer com que a ilha renunciasse a seus laços ancestrais com Esparta e se submetesse a

Atenas. Então, os atenienses enviaram uma força de peso contra a ilha. Segundo o diálogo imaginado por Tucídides entre os melianos e os atenienses, os melianos insistiram em fazer valer seu direito à independência e à neutralidade. Os atenienses responderam que o único direito nesse mundo residia na força militar, e eles pareceriam fracos se não colocassem isso em prática. Então mataram todos os melianos do sexo masculino e escravizaram todas as mulheres e crianças. A resposta de Eurípides a essa atrocidade foi a sua peça do ano seguinte: *As Troianas*.

Essa é uma peça dotada de uma amargura cinematográfica e que documenta as terríveis consequências humanas da vitória grega sobre Troia, lembrando os cenários cobertos de poeira e de moscas do Oriente Médio de hoje, bem como as pinturas angustiantes de Goya.[4] Hécuba, rainha de Troia, vê sua filha e sua nora serem submetidas à condição de escravas e concubinas dos gregos, enquanto outra filha é sacrificada no túmulo de Aquiles, ao mesmo tempo que seu pequeno neto é atirado dos muros de Troia para a morte. Uma cidade inteira e todo um povo são simplesmente destruídos, e tudo isso é comunicado por meio das vozes de mulheres célebres, que um dia haviam sido ricas e poderosas e agora estavam reduzidas ao desamparo. Isso é o que torna Eurípides tão moderno: ele transferiu o seu ressentimento pela violência ateniense contra os civis em Melos no ano de 416 a.C. para a violência contra os troianos cerca de oitocentos anos antes.

A obra de Eurípides possui uma energia e uma estrutura que em última análise faltam em Ésquilo (apesar da sua qualidade arquetípica) e Sófocles (apesar da sua mordacidade analítica). Nós podemos constatar isso em *As Troianas*, bem como em *Ifigênia em Áulide* e *As Bacantes*. *As Troianas* é uma peça colérica, intensa, ainda que para a Atenas do século V a queda de Troia tivesse sido um evento muito antigo, quase mítico, ocorrido em praias distantes.

A questão se resume a assumir a responsabilidade num mundo em que algo está irremediavelmente errado e não pode ser corrigido — e isso às vezes significa defender a guerra. Por isso é importante fornecer uma breve descrição de *As Troianas*, para nunca perdermos de vista os detalhes da guerra.

A peça abre com uma cena de tendas improvisadas, em estado deplorável, diante das ruínas de uma cidade capturada e destruída, onde algumas mulheres, as únicas sobreviventes, aparecem — entre elas a rainha Hécuba — com os cabelos tosados e vestidas em farrapos. A rainha se lamenta:

> Ó deus, ó deus, de quem serei escrava?
> Em que lugar deste mundo vasto eu viverei
> minha vida, trabalhando duro e sem descanso como serva,
> como uma sombra morta?
> Devo ficar de pé diante de suas portas, guardando-as?
> Devo servir de ama-seca para as suas crianças?
> Eu, que já fui rainha de Troia?[5]

Esse poderia ser o lamento de qualquer refugiado de qualquer guerra que tivesse visto, repentinamente, toda a sua vida desabar e fosse forçado a se desdobrar entre estranhos apenas para sobreviver.

Eurípides universaliza a guerra, bem como a experiência do refugiado:

> Eles foram eliminados um após o outro,
> Embora ninguém tivesse ameaçado sua terra natal
> Nem invadido suas fronteiras, nem escalado seus altos muros.
> E aqueles que o Deus da Guerra levou nunca mais puderam
> Voltar a ver seus filhos, nem nunca mais tiveram seus corpos envolvidos
> Em lençóis pelas mãos de suas mulheres.
> Eles jazem todos enterrados em solo estrangeiro,
> E no seu torrão natal as coisas não estão melhores:
> Suas mulheres morrem viúvas; seus pais, sem os filhos...
> A escolha pela guerra é loucura...[6]

Essa fala é de Cassandra, que é filha de Hécuba e possui o preocupante dom da profecia. "A escolha pela guerra" reflete uma tradução de 2009 do grego antigo por Alan Shapiro. Ele traz à mente com clareza a

Guerra do Iraque, que então já se desenrolava havia seis anos. No caso, era uma guerra por meio da qual seriam erradicadas armas de destruição em massa que não existiam. No caso de Troia, os gregos lutaram apenas pela reputação de Helena: ou seja, "por causa de uma mulher / Uma mulher que não foi levada à força".[7] E por isso incontáveis vidas foram destruídas.

Ocorre então a sórdida supressão de uma vida humana no vasto cenário de conflito violento quando Andrômaca, a viúva do herói troiano Hector, surge com o seu filho Astíanax num frágil carrinho, cheio de espólios troianos. Os mortos estão em melhor situação que os vivos, ela observa, referindo-se ao recente sacrifício de Políxena, a filha mais nova de Hécuba. Quando, dos altos muros de Troia, os gregos vitoriosos arremessam o pequeno Astíanax para morrer chocando-se contra o solo pedregoso, a guerra é reduzida à sua essência — a destruição de uma jovem vida inocente e da vida de uma família inteira, que sofrerá para sempre como consequência disso. "Nem mesmo um bárbaro poderia cometer / Tais atrocidades", lamenta-se dolorosamente Andrômaca.[8] Os deuses também não poderiam, Hécuba responde, pois esses são crimes de homens.

> No final, os deuses nada fizeram por nós.
> Tudo o que eles nos trouxeram foi angústia e mais angústia.[9]

Sem a proteção dos deuses, entregues à própria sorte, homens e mulheres estão fadados ao esquecimento. A aniquilação é completa quando os gregos incendeiam o que resta de Troia. A peça termina com cinzas, fumaça e "tudo irreconhecível".[10] Nenhuma moral edificante para confortar a plateia. Não há consolação. Quanto ao estoicismo, era uma filosofia originalmente destinada a escravos, como nos lembra T. S. Eliot.[11] Essa é a história da guerra ao longo do século XX e que ganhou o século XXI.

Estão em situação difícil as autoridades políticas que têm de tomar decisões sobre guerra e paz. A guerra é tão pavorosa que as pessoas que precisam fazer tais escolhas não devem, para dizer o mínimo, ser invejadas. Simpatizar com as vítimas da guerra é moralmente necessário e emocionalmente satisfatório, porém fácil em termos de análise. Isso, como eu já sugeri, ajuda a explicar por que os intelectuais são tão seguros de si, enquanto as autoridades que tomam decisões rangem os dentes à noite com seus arrependimentos, sabendo que não poderão contar com a simpatia de pessoas como Eurípides.

Evidentemente, a capacidade humana de racionalização e evasão é inesgotável, e intelectuais são melhores nisso do que a maioria das pessoas. Quantos deles já confrontaram o custo de suas loucuras no Oriente Médio nos últimos vinte anos? Muitos, provavelmente, pelo menos na solidão dos seus quartos. Mas a julgar por seu desempenho em publicações ou na televisão, muitos não fizeram isso.

A retirada do Afeganistão, determinada pela administração Biden no verão de 2021, planejada e executada de forma inepta, pôs a nu uma verdade sombria que vinte anos de dissimulação da parte das elites políticas e intelectuais não puderam mascarar: as forças armadas e o Estado do Afeganistão eram uma ilusão. Eles não existiam de forma confiável quando isso importava. Apesar de duas décadas de luta e de trilhões de dólares gastos, no final nós não construímos nada. As guerras no Afeganistão e no Iraque foram muito menos significativas em termos de baixas do que as guerras da Coreia e do Vietnã. Mesmo assim, metaforicamente falando, o desprezível fracasso das nossas guerras no Oriente Médio permanecerá como advertência durante muitos anos.

CAPÍTULO 9

A ameaça de guerra sempre ronda, por isso o fardo do poder é esmagador

O CÉSAR DE SHAKESPEARE RESUME A VALENTIA AO QUE ELA tem de fundamental:

> O covarde morre muitas vezes antes da sua morte.
> O valente nunca prova o gosto da morte mais de uma vez.[1]

A única figura literária mais valente que César talvez seja Prometeu. Prometeu vê todos os horrores que virão, sabe que nada pode fazer a respeito deles e que terá de suportar o mais doloroso sofrimento por toda a eternidade e, mesmo assim, é magnífico em sua determinação.

É justamente porque podem suportar tal sofrimento que os genuinamente bravos suscitam rancor. Mas como diz Pílades a seu primo Orestes:

> Que todos os homens te odeiem em vez dos deuses.[2]

Em outras palavras, um valente é valente porque ele é verdadeiro para consigo mesmo; portanto, ele está sozinho em seu conhecimento. Considere Hamlet, que conhece as piores verdades. Isso o torna sábio. Mas quem desejaria estar em seu lugar?

"Eu a invejo por sua falta de entendimento", diz Agamêmnon a sua filha Ifigênia, sentindo o terrível fardo do conhecimento e do poder. "Eu queria poder dividir isso!"[3] Ele sabe que enquanto os homens humildes podem chorar e "contar toda a história das suas aflições", o homem que lidera, conhecedor de verdades horríveis, deve manter a dignidade mesmo quando é um escravo das massas.[4]

Há uma diferença crucial entre Agamêmnon e Hamlet. Embora os dois homens possuam conhecimento, Agamêmnon, como líder tribal das forças gregas que logo enfrentarão Troia, deve agir e agir rapidamente. Hamlet, por sua vez, pode se dar ao luxo de se entregar à reflexão. Já se disse algumas vezes que liderança exige autoilusão; caso contrário, os líderes seriam incapazes de agir. Mas um líder pode enxergar com clareza todo o dano que sua ação causará, não importa que caminho ele adote, e ainda ter de tomar uma decisão. Ele sabe que a realidade no solo de uma região distante raramente é clara e nítida, e que a situação tende ao mistério; contudo, ele é obrigado a agir como se visse tudo claramente e não houvesse absolutamente nenhum mistério. Por definição, a ação carece de argumentação intelectual. E mesmo que seja julgado em retrospecto, no momento em que age, ele conhece apenas os fatos que se lhe apresentam. Embora a evidência que ele possa ter seja na melhor das hipóteses parcial, as decisões que resultarão dela são irrevogáveis. Por isso, a valentia está intimamente ligada à liderança.

Considere o Ricardo II de Shakespeare, que é, nas palavras de Harold Bloom, "totalmente incompetente como político e um verdadeiro mestre no uso da metáfora"; rei e líder ruim, mas um poeta sutil e eloquente.[5] Eu repito: é muito mais fácil ser intelectual ou artista — ou jornalista — do que ser rei ou líder político. A solidão de quem está no comando é mais profunda do que a solidão dos demais indivíduos. Os jornalistas se gabam de dizer a verdade ao poder. Porém, a realidade é bem mais complexa. As verdades que os jornalistas divulgam abertamente não são apenas as verdades que os que estão no poder ocultam, mas são muitas vezes as verdades das quais os poderosos têm plena consciência, mas a respeito das quais não podem dizer nada nem fazer nada publicamente, sob pena de agravar ainda mais a situação.

Isso tudo supondo-se, é claro, que o próprio líder tenha um nível razoável de consciência. Macbeth e Lady Macbeth, por exemplo, têm pouca capacidade de perceber o caminho que trilham ou as consequências de suas ações. Eles só conseguem alcançar tal compreensão quando estão sozinhos na escuridão com seus pensamentos culpados. Sonâmbula, Lady Macbeth caminha durante o sono e sonha que está lavando suas mãos cheias de sangue. E quantos ditadores modernos viram o fantasma de Banquo? Não são somente governantes como Macbeth que não têm paz de espírito; também não há nenhuma paz de espírito para governantes que simplesmente fizeram más escolhas. O Rei Lear, por exemplo, não é cruel como Macbeth, mas como diz sua filha Regan, "ele jamais chegou a conhecer bem a si mesmo".[6] Lear resiste à autoconsciência. Abdicando da sua autoridade, ele sofre o pior que a vida tem a oferecer e morre de tristeza com a execução de sua dedicada filha. Essa peça, a mais profunda e desoladora das tragédias de Shakespeare, devolve ao mundo uma plateia muito mais capaz de perceber como a renúncia ao poder e à responsabilidade, ainda que ocasionada por idade avançada, pode levar aos piores resultados.

O fardo da liderança proporciona à tragédia muitos dos seus momentos mais marcantes e essenciais.

Quando pensamos no fardo do poder, nós imediatamente o associamos a guerras malogradas. Não pode haver ameaça pior para a paz de espírito de um líder do que saber que milhares dos seus compatriotas e um incontável número de civis morreram em vão, com terríveis consequências políticas para o seu país, reino ou cidade-estado. Isso ocupará os seus últimos pensamentos no momento da sua morte.

A propósito disso, os norte-americanos logo pensarão na Guerra do Vietnã, que algumas vezes é comparada à malfadada expedição ateniense à Sicília no século V a.C., descrita na *Guerra do Peloponeso* de Tucídides. Catorze anos se passaram entre o primeiro ataque de Atenas à Sicília e o seu desastre final: o mesmo intervalo de tempo entre os primeiros ataques do governo Kennedy ao Vietnã e a retirada final do presidente Gerald Ford. Os Estados Unidos foram atraídos a meio mundo de distância por seus aliados sul-vietnamitas, que foram dominados por forças comunistas do Vietnã do Norte, assim como Atenas foi atraída para a Sicília por seus aliados locais, que eram ameaçados por outras cidades-estados sicilianas leais a Siracusa, rival de Atenas e aliada de Esparta. Assim como o governo Kennedy começou enviando ao Vietnã tropas em número limitado das Forças Especiais de Operação — um compromisso que teve enorme incremento sob o presidente Lyndon Johnson, chegando a mais de meio milhão de tropas regulares —, a intervenção ateniense na Sicília começou com vinte embarcações em apoio a seus aliados contra Siracusa e logo contava com cem trirremes, numerosos navios de transporte e 5 mil guerreiros hoplitas. Com o prestígio de todo o seu império marítimo em jogo, dependendo de uma vitória militar na distante Sicília, Atenas continuou enviando homens para a luta. A Expedição Siciliana terminou com a derrota de 40 mil tropas atenienses, das quais 6 mil homens foram poupados para trabalhar nas pedreiras de Siracusa e ser vendidos como escravos. A intervenção norte-americana no Vietnã terminou com o Norte comunista invadindo o Sul e com os últimos norte-americanos fugindo de helicóptero do telhado da embaixada dos Estados Unidos em Saigon. O presidente Johnson morreu de ataque cardíaco pouco antes do fim da guerra.

Mas há exemplos semelhantes ainda mais comoventes de liderança trágica proveniente do fardo do poder, tanto entre os gregos antigos como na história norte-americana recente. A segunda invasão persa da Grécia sob o rei Xerxes, em 480 a.C., parece prenunciar a segunda guerra norte-americana contra o Iraque sob o presidente George W. Bush, em 2003. Como costuma acontecer com comparações desse tipo, as diferenças são enormes, porém as semelhanças são esclarecedoras.

O grande império persa era na ocasião novo e dinâmico; tinha menos de cem anos de existência antes da invasão de Xerxes, e seu território situava-se cerca de 1.500 quilômetros a leste da Grécia. Foi fundado por Ciro, o Grande, que anexou Medos e Lídia na Ásia Menor, levando à queda de várias cidades gregas, enquanto a leste a Pérsia avançava pelas fronteiras do subcontinente indiano. O império parecia invencível. Ciro foi sucedido no trono por Cambises, que por sua vez foi sucedido por Dario. De acordo com Heródoto, Dario estava ampliando a sua invasão da Grécia por mar quando teve notícias da vitória ateniense sobre um exército persa em Maratona, em 490 a. C. Mesmo assim ele conseguiu subjugar outras partes da Grécia na Macedônia e nas Ilhas Cíclades antes de sua morte em 486 a. C. Xerxes, seu filho, subiu ao trono e imediatamente começou a preparar a segunda invasão da Grécia. A Grécia tornou-se uma obsessão para pai e filho, e suas guerras separam-se por um intervalo de pouco mais de uma década — da mesma forma que as guerras contra o Iraque, também separadas por pouco mais de uma década, ocupavam os pensamentos dos Bush, pai e filho. Além disso, a reputação histórica de Dario não foi destruída por sua guerra contra a Grécia, mesmo quando a de seu filho Xerxes foi; a derrota do exército iraquiano no Kuwait por George H. W. Bush foi um triunfo, enquanto a guerra do seu filho foi um verdadeiro desastre.

"Essa rápida expansão e súbita desgraça do Império Persa [sob Xerxes], mesmo quando contada objetivamente, já tem a qualidade de um drama", escreve o professor de literatura clássica de Yale C. John Herington.[7] Também se poderia dizer essencialmente algo parecido sobre o império norte-americano de George W. Bush no Iraque. Ambos figuram entre as grandes reviravoltas da história.

A Segunda Guerra Médica representa o único evento histórico contemporâneo na tragédia grega — todas as outras peças dos dramaturgos atenienses ocupam-se de mitos longínquos. Além disso, *Os Persas*, produzida em 472 a.C. e a primeira peça escrita por Ésquilo, é o mais antigo drama sobrevivente na tradição ocidental. Ésquilo foi soldado na Batalha de Maratona, e ele escreve não como um historiador, mas como alguém que tenta se reconciliar com o que testemunhou. O que emerge disso é uma revelação do próprio destino, na qual Dario é retratado como o pai "vitorioso" do "incompetente" Xerxes, que destrói o legado imperial deixado pelo pai como herança.[8] Mas a advertência contra a arrogância que Ésquilo oferece aqui não vale somente para os persas derrotados. Também se aplica prescientemente aos gregos vitoriosos, cujo desastre na Expedição Siciliana aguardava-os a pouco mais de meio século de distância no futuro.

A peça *Os Persas* tem início com o front interno à espera de notícias sobre o avanço do seu exército, antecipadamente considerando fato consumado a invencibilidade das suas forças, já que a história recente os havia habituado a não esperar nada menos que isso. "Esse / É o orgulho da Pérsia / Os homens que agora partiram".[9] Praticamente o mesmo erro foi cometido em 2003, quando o front interno norte-americano acompanhou a marcha para Bagdá das forças terrestres dos Estados Unidos. A história da primeira guerra do Iraque, bem como as travadas nos Bálcãs, condicionaram os norte-americanos a esperarem outro triunfo fácil. Em 480 a.C., assim como em 2003, o front interno inicialmente considerou o desafio como uma "missão sagrada".[10]

Mas foi "Tudo EM VÃO / Na hostil Grécia", onde os soldados persas "morreram em agonia. Os cadáveres / Empilhavam-se em Salamina e em todas as praias próximas".[11] Todas as aparentes vantagens das forças de invasão desapareceram em meio a um cenário estrangeiro belicoso.

> Alguma espécie de Poder —
> Que não era humano —
> Cujo peso inclinou a balança do destino
> E abateu nossas forças.[12]

Sem dúvida, para ocorrer um erro de cálculo tão colossal deve haver um propósito mais elevado, algo que os deuses prepararam a fim de ensinar a humildade. Mas as coisas só fazem piorar, "até que o extermínio dos homens fosse completo". Outros passavam fome, morriam de sede, e os soldados persas que restaram caíram na mendicância. Xerxes agora é descrito em seu próprio território como o "destemperado" que "causou a mais completa derrota".[13] O coro pergunta:

POR QUE OS TEMPOS MUDARAM?[14]

A total incompetência de Xerxes, levando-se em conta a grandeza do seu pai, parece um crime contra a natureza. As coisas não deveriam ser assim. O coro arranha a terra como se tentasse libertar o espírito de Dario.

Eterno Soberano
Atravesse, venha a nós...
Pai que jamais nos causou mal algum
Dario
Liberte-se[15]]

A tragédia indica uma súbita mudança no destino heroico. Há um grande anseio por mais tempos de glória e guerras mais fáceis e mais convincentes. Mas Zeus é "a Tesoura Decepadora da arrogância" e o "implacável avaliador".[16]

Sempre há detalhes a serem discutidos acerca dos acontecimentos. Se nessa ou naquela ocasião Xerxes tivesse feito isso ou aquilo... Se pelo menos Bush filho tivesse demitido o Secretário de Defesa Donald Rumsfeld em 2004 — quando Bush acabara de ser reeleito e teria sido conveniente fazer isso — e não dois anos depois, como aconteceu... Como a maré pode ter subido tão rápido...? Mas justamente quando todos os detalhes e circunstâncias trabalham contra você é que se pode supor que algo superior esteja em andamento. Mas é preciso ter cuidado com a transferência de culpa. Destino é algo que fazemos a nós mesmos e depois culpamos os deuses.

Como a guerra descrita em *Os Persas*, o Iraque é mítico, embora não se alinhe em consequência disso com a invasão da Grécia por Xerxes ou com as malsucedidas invasões da Rússia por Napoleão e por Hitler. Como o Vietnã e a Expedição Siciliana, o Iraque jamais será esquecido. Como alguém que esteve no Iraque e testemunhou em primeira mão a tirania no país e mais tarde a anarquia — e que apoiou a guerra por ter tido uma vívida experiência da tirania —, eu não tenho escolha a não ser viver com essa realidade. A literatura não deve apenas inspirar, mas também incomodar. A tragédia ensina que ninguém deveria morrer com a consciência limpa.

CAPÍTULO 10

Guerras imperiais são decididas pelo destino

DEMOCRACIAS E REPÚBLICAS, POR PERMITIREM AOS SEUS cidadãos ampla participação na política, conferem expressão real ao ideal da intervenção humana, de maneira que os indivíduos, não os deuses, decidem os nossos destinos. Mas à medida que as repúblicas e as democracias alcançam êxito e se tornam impérios, muitas forças históricas vastas e novas trazem à baila a ideia de que a ação humana se enfraquece e o destino mais uma vez ganha vantagem. O mundo homérico de heróis individuais e a Roma dos primórdios de *Coriolano* e *Júlio César*, onde um punhado de homens tinha influência enorme sobre os eventos, eram lugares diferentes do domínio imperial disperso de *Antônio e Cleópatra*, com suas contracorrentes cosmopolitas e passagem de eras históricas.[1] O império leva à universalidade, mas também acarreta perda de direção e de controle. *Coriolano* e principalmente *Júlio César*, evocando tempos de uma Roma menor e mais republicana, representam mundos do aqui e do agora, ao passo que o pano de fundo de império mundial de *Antônio e Cleópatra* é um reino místico do destino no qual a intervenção e o controle foram substancialmente enfraquecidos. Harold Bloom deduz tudo isso em sua descrição de Marco Antônio como um "magnífico fracasso": uma figura arruinada que Otávio chama de "resumo" de todos os nossos erros.[2] O poeta grego Konstantínos Kaváfis sintetiza isso em seu poema "O Deus Abandona Antônio":

> ... não lastime que a sorte não o favoreça agora,
> o trabalho que vai mal, os seus planos
> todos malogrados — não os lastime em vão...
> vá até a janela resoluto
> e ouça com profunda emoção...
> a primorosa música dessa estranha procissão,
> e se despeça dela, diga adeus à Alexandria que você está perdendo.[3]

O deus que está abandonando Antônio, deixando Alexandria com sua procissão musical, segundo algumas interpretações é Baco (Dionísio), o deus da licença e do caos, que inspirou a indisciplina de Antônio e sua intriga sexual com Cleópatra. Com a morte de Antônio, o eficiente soldado Otávio César toma o poder no Mediterrâneo, e o período imperial de Roma começa de fato. O nobre patriotismo da República Romana se foi, e junto sua familiaridade, responsabilidade e ação humana. Contudo, tendências conflitantes de civilizações universais, sugeridas na última grande tragédia de Shakespeare, apenas crescerão em influência. Com a tirania de um lado e a espiral da história do mundo de outro e à medida que os acontecimentos da Grã-Bretanha à Pérsia influenciam cada vez mais o novo destino imperial de Roma, há uma sensação de futuro nebuloso que os humanos são incapazes de alterar. Como Marco Antônio sugere, somente os adivinhos sabem o que realmente está acontecendo.

Às vezes eu imagino o rosto de Richard Holbrooke olhando por aquela mesma janela, ouvindo a "primorosa música dessa estranha procissão", lamentando a passagem de uma América pós-Guerra Fria e a descida final ao império. Holbrooke era brilhante e dedicado ao extremo, abençoado com uma voz sonora e uma presença imponente e intimidadora, que o ajudava a solucionar problemas específicos em lugares distantes. Mas enquanto o mundo podia ser consertado aqui e ali, à medida que os Estados Unidos ingressavam numa arena maior em lugares como Afeganistão e Iraque, esse mesmo mundo se provava cada vez mais intratável, como Holbrooke descobriu tentando consertar as coisas no Afeganistão à época da sua morte.

Eu suponho que o momento em que ficou claro para mim que nós não estávamos mais no controle foi o bombardeio, em fevereiro de 2006, da Capela al-Askari em Samarra, no Iraque, um dos locais mais sagrados para o islamismo xiita. Esse ato, mais do que qualquer outro, fez o Iraque se lançar numa guerra extremista total. Até essa ocasião, o Iraque parecia razoavelmente recuperável, e a nossa invasão parecia se encaminhar para um final satisfatório. Quando a mesquita desmoronou, porém, toda a esperança se foi.

Subitamente os norte-americanos se deram conta de que o seu poder de mudar o mundo era limitado. O mundo tinha histórias e tradições que não se sujeitavam à experiência histórica dos Estados Unidos com democracia. Uma década mais tarde, os Estados Unidos abriram mão de toda credibilidade que lhes permitia dar lições, em lugares distantes, quanto à melhor maneira de governar; o país abriu mão disso quando elegeu o presidente Donald Trump, um demagogo espalhafatoso. O efeito da administração Trump sobre a nossa política doméstica pôs a nu a fragilidade do sistema norte-americano: em vez de fornecer respostas para sociedades distantes, nós podíamos ser visitados por algumas das patologias dessas sociedades distantes. A admirável cultura cívica norte-americana pode ter sido criação da era da impressão e da máquina de escrever, quando a mídia e a opinião pública eram orientadas na direção de um centro político. Mas agora a era do vídeo digital das redes sociais estava desgastando o tecido nacional e contribuindo para o partidarismo grosseiro em Washington. Em lugar da coesão nacional proporcionada pela Segunda Guerra Mundial e por sua extensão, a Guerra Fria, agora nós parecemos caminhar para um mundo perigoso e desordenado, estrangeiro e doméstico a um só tempo.

A transição de república a império mundial, que é a transição que os Estados Unidos cumpriram no século XX e no início do século XXI, significa perdermos a nós mesmos no que Reinhold Niebuhr chamou de "vasta rede da história, na qual a vontade dos outros, movendo-se em direções diagonais ou contrárias à nossa própria vontade, inevitavelmente barra ou contradiz o que mais fervorosamente desejamos."[4] Uma determinada margem de ação se perdeu. Eu insisto: nós não estamos completamente no controle. Essa é a questão com a qual agora nos defrontamos.

Além do conflito na Ucrânia com a Rússia, surge agora diante de nós o espectro de uma guerra com a China por causa de Taiwan, do mar do Sul da China ou do mar do Leste da China; ou de todos os três. Não devemos nos enganar: mesmo que dure apenas alguns dias, tal guerra causará pânico nos mercados financeiros em todo o mundo, e as maiores e mais desenvolvidas economias do mundo entrarão em conflito. Muitos podem morrer de formas horríveis em meio às chamas de projéteis de entrada; submarinos podem se partir ou colapsar enquanto homens e mulheres são instantaneamente esmagados pela pressão da água. E não pense que tudo será claro. Eu viajei em contratorpedeiros e em submarinos nucleares por longos períodos e testemunhei batalhas simuladas a bordo enquanto dezenas de oficiais e marinheiros fitavam as telas dos seus computadores, num ambiente de depressão sensorial em que cada superfície rígida é cinza e você pode praticamente sentir o odor do calor das telas de cristal líquido: a tensão aqui é tão grande quanto a que se sente sob fogo real no Iraque, pois o inimigo agora está a um clique de distância. O caos da guerra é tão palpável no mar quanto no deserto. A própria quantidade de projéteis trocados pode causar confusão. Os sistemas de informação podem mostrar a você a situação de um alvo numa fração de segundo, mas não pode informar a você a intenção do inimigo. Também quase aconteceram colisões no mar onde, apesar dos códigos navais de conduta, não ficou claro qual capitão de navio deveria dar passagem. Um avanço chinês contra Taiwan pode ser tão sutil que só depois ficará claro se a intenção era invadir a ilha ou simplesmente amansar a sua população por meio de campanhas de desinformação na tentativa de pôr fim à soberania taiwanesa.

Os fracassos no Iraque e no Afeganistão foram nossas obsessões por muito tempo. Mas as apostas serão infinitamente maiores no futuro. A China é apenas um exemplo: os desafios da Rússia e do Irã como nós os conhecemos são outros. George W. Bush é uma figura melancólica, mas o destino pode ter reservado coisa pior para os nossos futuros líderes.

O que é destino (*moira*, em grego)?

O destino é "o traficante de sortes"[5] ou, na definição de George Steiner, "a inflexível sina que mantém, por meio das suas dizimações aparentemente cegas, um princípio supremo de justiça e equilíbrio".[6] É a "vontade de Zeus", não o poder por trás de Zeus, e isso faz toda a diferença, diz Maurice Bowra, já que a vontade de Zeus está sujeita a ocasionais genuflexões.[7]

Os homens cedem ao destino somente quando estão cheios de ilusões, e eles muitas vezes estão, mas não sempre. As profecias das moiras, as misteriosas irmãs, confirmam-se não porque as irmãs podem ver o futuro, mas porque elas alojam uma intuição no caráter de Macbeth. É com frequência um simples defeito num caráter de resto nobre que leva à catástrofe. E esse defeito é geralmente o orgulho, que leva a pessoa a ser vítima de ilusões para começo de conversa.[8] Desse modo, o objetivo da vida, como Ésquilo sugere em *Coéforas*, é obter o "favor de Zeus" por meio da "retidão", o que envolve, entre outras coisas, abrir mão das ilusões.[9]

Evidentemente, a vítima do destino pode às vezes ser dona de um caráter absolutamente reto — como o de Édipo, cuja vida ainda assim é um desastre completo. Édipo é um joguete nas mãos dos deuses, que o usam e o destroem a fim de ensinar uma lição à humanidade. Não há ação na história de Édipo. É uma história sombria nesse sentido. Mesmo assim, a luta de Édipo para compreender o que está acontecendo consigo constitui a tragédia em sua forma mais pura, mais edificante. O efeito da tragédia assemelha-se a estar de pé no topo de uma montanha em meio à chuva torrencial e a trovões, experimentando toda a majestade da vida através de desconforto e vulnerabilidade. E o alicerce de toda tragédia é o destino, que por definição é cruel.

As personalidades mais elegantes e invejáveis são aquelas que compreendem quando o destino é inevitável e cedem a essa verdade com tal estilo que ensinam o resto do mundo a lidar com ela. O príncipe em *O Leopardo* de Giuseppe Tomasi di Lampedusa é assim. Lampedusa evoca o destino de maneira estimulante e sensual, mas em virtude da força de suas metáforas é ao mesmo tempo o oposto de pomposo. Em sua descrição da Sicília do século dezenove, Lampedusa define a tragédia com o poder dos gregos antigos.

"Eles eram a visão mais arrebatadora daquele lugar", Lampedusa escreve sobre um belo casal, "dois jovens apaixonados dançando juntos, cegos aos defeitos um do outro, surdos aos alertas do destino, entregando-se à mútua ilusão de que o curso inteiro de suas vidas seria tão regular quanto o piso da pista de dança". São dois corpos jovens, amorosos e inspirados, "destinados a morrer". A rota do seu amor, como a de tantos outros, é "chamas por um ano, cinzas por trinta". Quando a cena se amplia para além dos dançarinos, o leitor se depara com um país manchado pela "violência da paisagem", a "crueldade do clima" e a "tensão contínua em tudo", com litorais facilmente invadidos por conquistadores que construíram monumentos, mas que, no entanto, não deixaram nenhuma tradição de trabalho duro e desenvolvimento.[10] O Príncipe, que de tudo sabe, como Édipo no final da sua vida, tem consciência disso tudo. E ele também sabe que nada pode fazer a respeito. A Sicília é como uma vasta e debilitante selva repleta de parreiras que de maneira lenta e exuberante o estrangulam. O Príncipe é sábio, mas não é um herói.

Ser sábio é uma coisa, mas lutar contra as forças impessoais do destino quando a derrota parece certa representa a verdadeira grandeza. Contudo, existe outro caminho que conduz à verdadeira grandeza, o que nos leva de volta à história de Édipo.

CAPÍTULO 11

A essência da tragédia deriva do sofrimento dos heróis

SÓFOCLES ESTAVA MENOS INTERESSADO NA DIVISÃO ENTRE homens bons e homens ruins do que em saber até que ponto os homens são capazes de enganar a si mesmos.[1] E nenhuma figura na tragédia grega nem em toda a experiência humana sabe tanto e compreende tão pouco de si mesmo quanto Édipo, rei de Tebas.[2]

Édipo governava uma grande cidade e derrotou um monstro metade homem, metade animal, a Esfinge, decifrando um enigma da Esfinge que parecia impossível solucionar. Ele realizou tal façanha graças à sua suprema inteligência, embora ignorasse os fatos mais fundamentais a respeito de si mesmo. Ele havia, sem saber, assassinado o seu pai, o Rei Laio, e desposado sua mãe, Jocasta. Édipo toma conhecimento disso — e de quem ele realmente é — no curso de uma implacável busca pelas causas de uma praga que quase destruiu a sua cidade. Ele persegue sem medo as informações que deseja ter, mas quando descobre a terrível verdade sobre si mesmo, ele arranca seus olhos. Cego, ele começa a ver e compreender o mundo melhor do que quando era dotado de visão. Miseravelmente perambulando pelo mundo em andrajos, recebendo cuidados de sua filha Antígona, Édipo está sozinho na escuridão com seus pensamentos cheios de culpa, consciente da ruína da sua vida. Nenhum homem sofreu como Édipo, outrora rico e poderoso rei, no entanto ele diz a suas filhas Antígona e

Ismene: "Nenhum homem poderia dar a vocês amor mais profundo que o meu".[3]

Édipo é heroico pela nobreza que mostra diante do seu sofrimento e de sua tortura mental. Os deuses fizeram dele um exemplo a fim de ensinar a todos nós que jamais devemos nos sentir seguros em nossa posição ou prosperidade, pois a tragédia pode se abater sobre qualquer um sem aviso. Édipo foi um grande e admirado rei que é agora um desprezado mendigo, ainda que seu exemplo manifeste dignidade humana em face do desastre. Buscando a verdade, ele acabou por tomar conhecimento da própria perversidade e insignificância — se ele era rei, se cometeu seus crimes de maneira involuntária, isso não fez diferença. Ele alcançou incontestável grandeza justamente devido à extensão e ao grau do seu sofrimento.

"Uma grande alma representa um alvo fácil", escreve Sófocles em *Ajax*.[4] Esse é outro aspecto fundamental da tragédia. O verdadeiro sofrimento é a única maneira de enxergar, de ter clara diante de você alguma verdade essencial sobre a sua vida e sobre a condição humana. O herói é um indivíduo único que é separado de outros pelo sofrimento, mas que no final vê sua vida como parte de um esquema mais amplo. Como Shakespeare escreve em *Hamlet*:

> Nossas vontades e destinos são tão contraditórios
> Que nossas artimanhas continuam pomposas:
> nossos pensamentos são nossos, suas finalidades não são nossas.[5]

O que planejamos realizar raramente é o que realizamos de fato, pois os nossos pensamentos e as ações que se seguem deles levam a fins inesperados: isso acontece porque a sociedade tem seu próprio ponto de vista, por mais injusto que isso possa ser. Outra característica da tragédia é que a autoconsciência costuma chegar tarde demais.

É nossa própria capacidade para o conhecimento que nos leva a sofrer, Schopenhauer escreve, já que obviamente quanto mais você sabe mais você se preocupa. Ou, como dizem os russos, *quanto menos você sabe melhor você dorme*. O mundo inteiro, conclui Schopenhauer, é "um lugar de expiação".[6] William Wordsworth escreve que, no decorrer de nossas vidas, embora ações e decisões sejam "transitórias", porque acontecem num instante, o sofrimento que resulta dessas ações é "permanente".[7] Em seu exílio, Édipo só conta com um consolo: "Meus sofrimentos ensinaram-me a suportar".[8]

Mas como exatamente nós suportamos? Conhecendo nosso lugar perante os deuses — uma forma de submissão ao esquema maior das coisas. Qualquer vida vivida de maneira ponderada contém um reconhecimento do fracasso e, com ele, uma percepção mais profunda não apenas de nós mesmos, mas também do nosso mundo e da civilização. Esse é o triunfo de Édipo. No final o herói é purificado e termina reconciliando-se com a justiça suprema.[9] Por isso é que *Édipo em Colono*, a última peça de Sófocles, é verdadeiramente sublime.

Harold Bloom, em outro contexto, nos diz que apenas através da consolação e do "compartilhamento da dor" é que "a experiência estética da tragédia" é clara.[10] A mera tristeza não permite essa experiência, pois ela pode figurar na superfície das coisas. Pessoas decadentes vivem vidas tristes o tempo todo, mas não há nisso o tipo de elevação que a tragédia pede. A propósito, decadência triste é o tema de *O Bom Soldado* (1915), grande romance de Ford Madox Ford sobre pessoas descuidadas que confundem aparências com realidade.

A tragédia é a própria substância do teatro e do ritual e nos mostra o lado mais cruel da vida e da natureza e, segundo Nietzsche, nos faz voltar ao mundo "com energia renovada e energia psíquica reforçada".[11]

Considere a conclusão de *Crime e Castigo* de Dostoiévski: "Havia lágrimas nos olhos deles. Ambos estavam abatidos e magros, mas nesses rostos pálidos e enfermos já brilhava o despontar de um futuro renovado, de uma ressurreição completa rumo a uma nova vida... Eles decidiram esperar e suportar. Ainda tinham mais sete anos e, até lá, um insuportável sofrimento e uma infinita felicidade!"[12] A ressurreição através do amor dá a Raskólnikov e Sônia coragem para enfrentar sua condenação a sete anos de trabalhos forçados. Desse modo, o espírito do Cristianismo se liga ao dos deuses gregos, pois são ambos a mesma coisa: uma forma de submissão ante elementos mais elevados que nos confere humildade, de modo que sendo gratos por estarmos vivos nós aceitemos o que a natureza forjou.

Obviamente existem crimes para os quais não há redenção, para os quais os gregos, Shakespeare e Dostoiévski não têm resposta. Temos muitos exemplos desses crimes ao longo do século XX: crimes perpetrados por Hitler, Stalin, Mao e Pol Pot. E não há pausa no século XXI — prova disso são as depredações chinesas contra os muçulmanos turcos uigures. Crimes tão monstruosamente cruéis não são a matéria da tragédia nem deste ensaio. No entanto, é na aplicação da humildade diante dos deuses que a tragédia pode ajudar no desenvolvimento da previsão apreensiva, condição para obtermos um mundo melhor antevendo problemas que virão. Pensar de maneira trágica é saber que não é possível consertar tudo, mesmo que a vida continue.

As crises políticas e humanitárias que testemunhei de perto ou nas quais me envolvi durante minha carreira como jornalista poderiam ter sido todas evitadas pela previsão motivada por apreensão, que exige sensibilidade trágica — algo que os norte-americanos, sendo um povo a-histórico, não têm. Os Estados Unidos, abençoados com uma geografia continental rica em recursos e protegida por oceanos vastos, são um país tão afortunado geograficamente que mesmo desastres da política externa como Iraque e Afeganistão deixaram-no praticamente ileso. A elite de Washington paga um preço pequeno por esses desastres, e isso, por sua vez, permite que a elite política ignore-os e continue fazendo as coisas da mesma maneira. Desse modo, a curva de aprendizado nunca é muito pronunciada. Mesmo quando já não restava dúvida de que o Iraque era um desastre e o Afeganistão estava se tornando um atoleiro, em 2011 uma parcela significativa da elite política apoiou a ideia de derrubar o regime na Líbia pela força — levando a outro desastre. Semelhante padrão de comportamento gera certa decadência, pois poucos próximos ao poder têm sua reputação manchada ou pagam um preço emocional ou psicológico por seus equívocos. Isso inibe o amadurecimento da sensibilidade trágica. O processo de gestão imperial é sangrento e torpe, e desde o final da Segunda Guerra Mundial — e especialmente depois de 11 de setembro — a palavra império caracteriza a situação dos

Estados Unidos no mundo. Por exemplo, a atordoante Revolução Iraniana em 1978-1979 deve ter sido recebida sem a menor surpresa, tendo em vista o ódio ao Xá somado ao declínio da sua saúde. O bombardeamento de um acampamento de fuzileiros navais norte-americanos nos arredores de Beirute, em 1983, foi o provável ponto culminante de uma missão mal definida no meio de um ajuntamento de grupos terroristas. Os Estados Unidos haviam armado os mais radicais grupos muçulmanos contra os soviéticos no Afeganistão, e isso naturalmente abriu caminho para os ataques de 11 de setembro. Embora tudo isso fosse especificamente difícil de prever, nós devíamos ter aprendido a agir com mais inteligência para não ter nossos planos frustrados por aqueles cujas terras nós ocupamos ou nas quais fazemos intervenção. Repito: Afeganistão e Iraque foram fracassos medonhos devido ao modo como as forças da cultura e da história locais derrotaram os ideais americanos de democracia. O Oriente Médio nunca foi uma extensão da experiência histórica específica norte-americana. Nós nunca aprendemos o que os gregos sabiam: não é possível consertar todas as coisas, por isso nós temos de aceitar muito do mundo justamente como ele é.

CAPÍTULO 12

Somente o velho e o cego conhecem a verdade

TIRÉSIAS, O VELHO VIDENTE CEGO, O PROFETA QUE CONHECE melhor que ninguém o desejo dos deuses, é um personagem recorrente na mitologia grega. "A força da verdade é minha", dentro da qual repousa a salvação, ele diz a Édipo quando esse, furioso e ainda rei de Tebas, começa a enfrentar a horrível verdade acerca do que ele realmente é.[1] Tirésias é especialista em dizer a seus ouvintes a última coisa que eles querem ouvir — os próprios pensamentos que eles reprimem. Ele não é deus, mas quase exerce a função de um. Assim como você não pode enganar os deuses, você não pode enganar Tirésias. Ele é um substituto para a consciência. Como o próprio Édipo, velho e cego no fim da sua vida, Tirésias tem o dom da visão interior precisamente porque ele *é* cego: um tipo de visão foi substituído por outro; um modo penetrante e analítico de enxergar substituiu um modo ostensivo, porém muitas vezes enganoso, de enxergar. A cegueira permite tanto a Tirésias quanto a Édipo verem o mundo de maneira mais precisa — uma habilidade dolorosa, pois significa admitir o que você não quer admitir.

Tanto Tirésias quanto o moribundo Édipo sabem que tudo o que é mortal neste mundo se deteriora e que, em virtude disso, é sábio pensar e agir como se você já estivesse velho e debilitado, mesmo que você ainda seja jovem. Isso o libertará da vaidade e do orgulho; os inimigos, da boa fortuna; e os sustentáculos, do autoengano. Há muito para temer neste mundo: a sorte pode mudar não apenas gradualmente — sobretudo quando uma pessoa envelhece e se torna mais propensa a enfermidades —, mas também subitamente. Impulsionado pela profecia de Tirésias, Édipo, do alto da riqueza e do poder, despenca para a miséria abjeta "no curso de um único dia".[2]

Quando uma pessoa chega à velhice, ela já experimentou desgosto e desapontamento, portanto são maiores as chances de encontrar sabedoria no velho do que no jovem. É questão de conhecer a si próprio e conhecer o seu mundo. Lembre-se das palavras de outro russo que tem afinidade espiritual com os antigos gregos, Aleksandr Solzhenitsyn: "Tribos possuidoras de um culto ancestral sobreviveram durante séculos. Nenhuma tribo sobreviveria muito tempo com um culto jovem".[3] Por isso é que o chinês do século XXI, ainda beneficiando-se do que resta da cultura confuciana oriental e do seu respeito pela hierarquia e pelos mais velhos, tem um pé no mundo ocidental pós-moderno, o qual, com sua obsessão narcisista pela juventude, não é mais um descendente espiritual dos gregos antigos: o próprio povo que deu nascimento à civilização Ocidental para começo de conversa.

Por esse motivo, *Édipo em Colono* (que trata das peregrinações de Édipo e da sua chegada, em idade avançada, a um local próximo a Atenas) é tão estimado pelos críticos. Maurice Bowra escreve: "A resistência de Édipo na adversidade o faz merecer ser reverenciado e, em última análise, ser elevado à condição de herói".[4] Os deuses o respeitam por sua constante bravura em face a todas as dificuldades relacionadas à sua família e ao seu reino, sem mencionar o duro esforço de suas peregrinações. Outrora um homem orgulhoso e seguro, Édipo se torna completo e mais sábio com seu conhecimento sobre a existência humana, ainda que não seja recompensado por isso no mundo físico, onde a profundidade da sua presciência é única.

Ninguém é tão sábio quanto aqueles que foram atingidos por alguma grande catástrofe, o que pode incluir vergonha pública. Formuladores de políticas que fracassaram miseravelmente tendem, portanto, a ser genuinamente interessantes — mais profundamente ponderados a respeito de suas vidas do que aqueles que conheceram apenas o sucesso.

Eu gostaria de ter conhecido o Nixon pós-Watergate, com seus apurados instintos para a política externa forjados pelo medo e pensando cinco passos adiante, mas agora coberto de vergonha em virtude dos seus enganos, do seu caráter falho e da sua situação financeira seriamente enfraquecida. Ele escreveu muitos livros importantes quando estava aposentado, deu bons conselhos ao presidente Carter a respeito da política chinesa e ao presidente Clinton a respeito da política russa e só voltou a aparecer publicamente quando havia um motivo sério. Foi uma espécie de penitência e de reabilitação para um homem derrotado.

Nossos erros nos fazem amadurecer. Erros nos ajudam a recear o que vem pela frente. A verdadeira sabedoria não deve ser invejada.

Como escreve Sófocles no final de *Édipo Rei*:

> Até que um homem esteja em seu túmulo,
> Não ouse jamais dizer "ele é feliz" — espere até que os olhos desse homem vejam
> Que ele viaja transpondo os limites da vida, fora do alcance de toda calamidade.[5]

E em *Ájax*, Sófocles escreve:

> ... nunca
> Se permita pronunciar palavras
> Arrogantes contra os deuses
> Nem sinta orgulho se a sua mão bater com mais força
> Do que a mão de outro ou se a riqueza se acumular
> Aos seus pés. Basta um dia para que
> Todas as coisas humanas sejam erguidas e derrubadas.
> Os deuses favorecem a moderação sensata...[6]

Em outras palavras, nunca ouse chamar um homem de afortunado até que ele esteja morto. Esse é o famoso conselho que Sólon dá ao rico Rei Creso da Lídia, que acabará conhecendo a amarga verdade dessa profecia.[7] O medo constante do que nos aguarda mais à frente é a pedra fundamental da humildade; ele reduz o risco de catástrofes. O medo reconhece que as escolhas raramente estão entre o bem e o mal, pois isso é fácil demais. Por sua própria natureza, decisões cruciais são árduas e muitas vezes se resumem a escolher um bem em vez de outro — ou um mal em lugar de outro. A segurança reside no medo. Em certa ocasião, Lionel Trilling disse a respeito de Robert Frost que, assim como Sófocles, Frost era amado porque ele "podia esclarecer coisas terríveis" e assim dar conforto às pessoas.[8]

CAPÍTULO 13

Porque um bem combate outro bem diferente, nós temos consciência

O FALECIDO CRÍTICO LITERÁRIO TONY TANNER ESCREVEU que, enquanto Orestes e outros heróis gregos "fazem uma pausa" antes de entrar em ação, no *Hamlet* de Shakespeare a pausa consome a peça inteira. É claro que os gregos antigos não agiam por puro instinto, como animais selvagens, mas o intervalo de tempo entre os gregos e os elizabetanos era vasto. Entre os dois períodos houve o nascimento do Cristianismo e mais tarde a Reforma, e a combinação de ambos gerou todo um novo panorama de consciência, particularmente de consciência culpada.[1] Harold Bloom leva essa ideia um pouco além, argumentando que não apenas a ideia de uma consciência culpada atingiu o seu ponto máximo com *Hamlet*, mas também — e mais amplamente — a descrição literária da própria consciência. A mente de Hamlet de fato abarca o universo. O personagem de Hamlet é precursor dos personagens dos romances de Henry James, que surgiriam trezentos anos depois de Shakespeare, explicariam as minúcias da consciência e forneceriam uma ponte para o modernismo de Joyce e Eliot.[2]

Culpa e consciência, que exercem um papel tão relevante no Ocidente cristão moderno, são cruciais no âmbito da tragédia. E porque existe o que chamamos de consciência culpada, existe também o mal, que por sua vez exige que a consciência seja derrotada. A noção de bem e de mal é muito mais desenvolvida em Shakespeare (assim como em Dostoiévski, Conrad e outros) do que nos gregos.

Quando nós lemos Bloom e outros estudiosos de Shakespeare, temos a impressão de que Shakespeare — e não os escritores da Bíblia — inventou o mal. Iago, por exemplo, é uma representação de Satã muito mais desenvolvida do que qualquer outra na Bíblia. Ele praticamente *é* Satã. Assim como Satã foi preterido por Deus, Iago, um soldado veneziano, é preterido pelo nobre Otelo, que é o universo e a própria criação para Iago, assim como Deus era para Satã. Poucos personagens na literatura são tão completamente ruins como Iago, que combina um brilho analítico com uma total falta de consideração por consequências morais. Tramando contra a boa Desdêmona e seu igualmente sincero marido Otelo, Iago declara:

> Quando os demônios prepararem os pecados mais negros,
> ... Vou derramar essa pestilência em seu ouvido:
> Que a luxúria do corpo dela o aniquile;
> E por mais que ela se esforce para fazer-lhe bem,
> Haverá de perder a confiança que o Mouro lhe tem:
> Então transformarei em betume sua virtude,
> E com a sua própria bondade tramarei a teia
> Que a todos acabará por enredar.[3]

Iago, a mente mais criativa da peça, existe apenas para tramar. Ele é corajoso, ousado, descarado. Desinformação, adulteração e terrorismo moderno — tudo isso encontra a sua origem literária e estética com ele.[4] O presidente russo Vladimir Putin, em seu inesgotável cinismo e tortuosidade, é comparável a Iago. Suspeita-se que os atentados contra blocos de apartamentos russos em 1999, em Moscou e em outras cidades — atribuídos oficialmente a terroristas chechenos — foram na verdade levados a cabo pelos próprios serviços de inteligência da Rússia a fim de facilitar a ascensão de Putin ao poder enquanto o medo generalizado dominava o país. Se isso for verdade, seria uma manobra realmente digna de um Iago. Como seria de se esperar, Iago esbanja cinismo. Ele diz:

Há mais sentido nisso [ferimentos no corpo] do que na reputação. A reputação é uma imposição vazia e muito falsa, obtida muitas vezes sem merecimento. Você não perdeu reputação nenhuma, a menos que se repute um perdedor.[5]

É verdade que reputações muitas vezes são imerecidas, para o bem ou para o mal. Mas Iago leva isso longe demais. Seu cinismo é destruidor.

Declarar-se contra o mal, que pode ter em Iago a sua maior representação literária, é uma escolha moral fácil, portanto não é uma preocupação importante da tragédia. A tragédia pode estar na decisão de confrontar ou não o mal quando outras considerações, igualmente graves, estão em jogo. Combater o mal é um bem, mas também é um bem não esgotar as suas capacidades políticas e militares no combate ao mal. E isso pode significar tolerar o mal até certo ponto. Indivíduos, por exemplo, escritores e intelectuais, são livres para se declararem contra o mal. Estadistas precisam tomar cuidado para não prometerem demais. Vladimir Putin, embora cínico e criminoso, não é nenhum Stalin, cujos crimes superam vastamente os do primeiro. Contudo, foi com Stalin que Franklin Roosevelt formou uma aliança, já que os Estados Unidos forneceram à União Soviética 11,3 bilhões de dólares em materiais por meio do programa Lend-Lease. E essa aliança na Segunda Guerra Mundial resultou na derrota de Hitler, o que foi um bem. Esse é outro aspecto da batalha do bem contra outro bem. Quando jovem, Henry Kissinger escreveu: "Todo estadista deve tentar conciliar o que se considera justo com o que se considera possível".[6] O que é justo diz respeito aos valores morais da própria sociedade de um estadista, enquanto o que é possível envolve os valores e situações domésticos de outras sociedades com as quais devemos lidar.

Por exemplo:

Saddam Hussein, que além de matar centenas de milhares de pessoas ainda começou a guerra entre o Irã e o Iraque, realizou um mal muito maior que o de Iago de Shakespeare. Mas dar fim a esse mal, como a administração de Bush filho decidiu fazer, derrubando o regime de Saddam, causou mais sofrimento para civis, sem mencionar outras consequências terríveis em virtude da natureza e da situação da sociedade iraquiana. Essa é a substância da tragédia, que em sua forma mais extrema e mais intensa é inerente às escolhas binárias estreitas e funestas que Bush filho teve de fazer.

E o presidente Joe Biden, bem como seus sucessores, pode ter de fazer outras escolhas binárias funestas com relação a outros líderes que ultrapassem o limite do aceitável em termos morais, como Putin ou Xi Jinping da China. Lembre-se de que Nixon e Kissinger negociaram uma trégua com a China, mesmo quando as depredações da Revolução Cultural ainda aconteciam, a fim de não ficar em desvantagem em relação à União Soviética, mesmo tendo alcançado uma trégua com essa última. Isso permitiu que se alcançasse o objetivo moral mais elevado da Guerra Fria: evitar, pelo equilíbrio satisfatório de poder, que ela *esquentasse*. Insisto que a batalha entre o bem e o bem significa aceitar certa quantidade de mal. A retidão, embora moralmente satisfatória, pode ser inimiga da arte de governar com sabedoria.

Obviamente, a tragédia é inerente ao nosso caráter. Se não existissem pessoas más neste mundo, não haveria escolhas difíceis a fazer para confrontá-las. Mas uma pessoa boa e orgulhosa pode encontrar fins trágicos apenas por defender o que acredita ser a sua honra. Quando o Ájax de Sófocles, grande soldado e homem de ação, vê seus companheiros gregos negarem-lhe a armadura de Aquiles morto — armadura que foi dada a Odisseu, astuto e menos merecedor desse prêmio —, Ájax sente-se humilhado: mais tarde, sem absolutamente nenhuma razão, em estado de transe ele mata um rebanho de gado. Quando volta a si, a vergonha o leva a suicidar-se com sua própria espada.

Nós sabemos que o orgulho pode cegar os homens e levá-los a fazer escolhas trágicas, mas Ájax direciona seu orgulho e seu senso de honra apenas contra si próprio. Assim como o orgulho pode levar uma pessoa a enganar a si mesma, ele também pode mesclar-se a sentimentos excessivos de culpa e de humilhação. Desse modo, o orgulho é essencial para a tragédia.

O fardo da tragédia pode ser mais pesado para o Rei Lear, que é um personagem desenvolvido de maneira muito mais profunda que Ájax, refletindo a distância percorrida pela tragédia desde os tempos dos gregos antigos até Shakespeare. Segurando em seus braços o corpo sem vida de Cordélia, a filha cuja lealdade ele não havia percebido até que fosse tarde demais, Lear brada:

Uuuah! Aaah! Aaai!... Ah, homens de pedra!
Tivesse eu seus olhos e suas línguas eu as usaria.
Até fazer rachar a abóbada do céu. Ela se foi.
Para sempre.[7]

Porém, por mais terrível que seja — uma tragédia familiar é a mais trágica de todas —, a tragédia ainda tem uma dimensão final mais profunda: o próprio tempo.

CAPÍTULO 14

O tempo é ingrato

TENDO VIVIDO NA GRÉCIA POR SETE ANOS E VIAJADO POR todo o mundo ortodoxo oriental — um mundo que preserva, por meio de Bizâncio, boa parte da herança da Grécia antiga —, eu sei que *aletheia*, uma palavra que sempre associarei à cerimônia da Páscoa Ortodoxa, traz uma carga emocional especial. Significa "verdade". "Cristo ressuscitou, *aletheia* (em verdade) ele ressuscitou." Mas isso também tem um significado antigo, mais profundo. E o que não é esquecido, o que não é relegado ao esquecimento, são os grandes feitos dos heroicos guerreiros.[1] Esse esforço é necessário porque muitos fatos que vale a pena preservar acabam sendo esquecidos. O tempo é ingrato para muitas coisas valiosas e nobres.

O tempo, *chronos*, expõe heróis trágicos mais perigosamente. As pessoas entre nós que são meramente bem-sucedidas, sendo o sucesso definido por nossos compromissos mundanos, têm poucas pretensões quanto a ser lembradas por muito tempo.[2] Mas o herói, por uma questão de honra, não compactua com a insensatez e portanto não liga para o que pensa a turba.[3] Ele só tem a imortalidade para esperar, e essa pode ser uma esperança perdida. Como declara Ájax:

Imenso, incomensurável tempo.
Que traz coisas trevosas à luz.
E sob a escuridão sepulta as luminosas.

O coro responde à oração de Ájax:

O tempo é verdadeiramente imenso, ele evanesce todas as coisas...[4]

O tempo nada tem a nos oferecer a não ser esquecimento. Não pode induzir o bom comportamento ou mesmo as consequências para o mau comportamento. É precisamente porque tudo é praticamente esquecido que nós somos livres para agir com abandono.

Assim sendo, o medo e a vergonha são tudo o que nos disciplina. Mais uma vez, veja o que Sófocles diz em *Ájax*:

Quando medo e vergonha se juntam
em um homem, agem para protegê-lo... Medo
é a pedra fundamental de toda ordem.[5]

O medo e a vergonha são a base da ordem; portanto, essencialmente, são a base da própria civilização; por isso os homens estão cheios de remorso, bem como de um profundo mal.

Orestes verte lágrimas "por todas as coisas feitas... por toda a raça" e por seu "próprio destino". Embora a sua lamentação se deva especificamente à morte de sua mãe e do amante dela, ele também fala por todos os tempos. Como responde o coro: "Nenhum homem sobre a terra chegará ao fim / Dos seus dias sem ser ferido pela tristeza".[6]

Tudo isso é bastante sombrio, eu sei.

Porque é sombrio e porque (exceto para os verdadeiros crentes entre nós) não há nada para além do túmulo, a única redenção neste mundo é obtida por meio do amor: a devoção quase religiosa a outros seres humanos; sentir a dor deles, e sua tristeza, e alegria, e felicidade como sente as suas próprias. O amor é só o que fica quando tudo o mais é tirado. Nostalgia é produto do amor e das boas lembranças que resultam dele. Shakespeare resume tudo isso em *Antônio e Cleópatra*. Quando Antônio morre, Cleópatra lamenta:

... nada há de extraordinário
Por trás da lua que passa.[7]

As movimentações dos exércitos, a passagem de épocas históricas, o pêndulo da geopolítica — tudo é afetado pela morte de Antônio, e contudo eles não superam um grande amor. Com o fim de Antônio, o mundo e a própria história chegam ao fim para a rainha do Egito.

E o amor e a reconciliação estão entrelaçados. O último não pode existir sem o primeiro. A reconciliação é o toque final da *Oresteia* de Ésquilo e do *Ájax* de Sófocles. Orestes é perdoado e as Eumênides são convencidas a abandonar sua vingança. Odisseu decide dar a seu inimigo Ájax um enterro apropriado. Amor e reconciliação têm a chance de vingar dentro de uma ordem mundial sustentada pelo medo e pela vergonha.

Nas palavras de Camus:

> Homens prometeicos, sem hesitar diante da sua difícil missão, continuarão peregrinando sobre a terra e a incansável grama. Nos trovões e relâmpagos dos deuses, o herói acorrentado mantém sua fé silenciosa no homem.[8]

Homens e mulheres reconciliarão sua luta pela sobrevivência com a necessidade de fazer o bem em meio a suas próprias escolhas seriamente limitadas. Reduzir todas as ações à necessidade de sobrevivência é desalentador, mas deixar a sobrevivência completamente de lado e preocupar-se apenas com o bem maior é dar a sobrevivência como garantida. Esse é um luxo do qual a maioria de nós não pode desfrutar nem a maioria das nações.

E assim o trabalho da vida continua...

E para mim o que é convincentemente trabalhado manifesta-se melhor nas pinturas de Velázquez e Goya, os dois gênios da grande microcivilização da Espanha.

É uma arte do distanciamento, amenizando uma objetividade cruel enquanto celebra a intensidade crua e mundana da vida. É uma arte nobre e traduz o mito em termos comuns. Por ser desvinculada do classicismo, é também desvinculada do perfeccionismo. Aceita as provações e limitações da existência. É inerente a esse trabalho uma nobre gravidade de análise e verdade — verdade devoradora — contra o pano de fundo de um mundo inseguro.[9]

A tragédia, na qual todo o realismo se baseia, é menos teoria do que sensibilidade.

EPÍLOGO

A HISTÓRIA ACONSELHA A PRUDÊNCIA. ISSO SIGNIFICA QUE liderança e tomada de decisão estão fortemente ligadas ao caráter de uma pessoa. Tendo em vista que não somos anjos, ambição também é útil. George H. W. Bush era um homem ferozmente ambicioso que buscou sem parar cargos e posições elegíveis e que fez uma suja campanha à presidência contra Michael Dukakis em 1988. Contudo, depois de se eleger presidente, ele tomou várias — uma após a outra — decisões sensatas e importantes relacionadas à política externa, todas dando ênfase ao respeito pelos limites trágicos. Ele se distanciou temporariamente da China depois do massacre de Tiananmen, mas não rompeu relações diplomáticas com Beijing, como intelectuais e jornalistas então exigiam. Sua administração se silenciou a respeito do colapso dos regimes comunistas na Europa Oriental a fim de não provocar uma reação militar soviética, novamente deixando jornalistas e intelectuais insatisfeitos. Ele expulsou as forças iraquianas do Kwait, mas fez isso sem avançar contra Bagdá. Bush pai, um autêntico herói da Segunda Guerra Mundial, mostrou caráter quando e onde isso foi necessário. Ele foi o último presidente americano a adotar o uso de força militar sem deixar de pensar cuidadosa e tragicamente a respeito disso. Ele foi nosso último aristocrata na Casa Branca, o último descendente espiritual de Eisenhower.

Por mais estranho que possa parecer, foi um momento de embaraço público para Bush que deixou clara para mim a sábia sensibilidade dele. Durante uma visita à Ucrânia, pouco tempo depois do colapso da União Soviética, Bush fez um discurso em Kiev no dia 1º de agosto de 1991, no qual fez uma advertência sobre o "nacionalismo suicida". Essa frase, bem como o próprio discurso, teve o efeito de minar a luta ucraniana por independência. Isso levou o colunista do *New York Times* William Safire a apelidar a fala de Bush como "Discurso do Frango à Moda de Kiev" depois de comer um prato de peito de frango recheado, pelo tom excessivamente delicado de Bush. Para Safire, as palavras de Bush representaram um "colossal erro de cálculo" com relação à situação soviética e ucraniana.[1] Mas teria sido mesmo isso? O enfraquecimento e o colapso da União Soviética levaram a guerras internas de caráter étnico e nacionalista no Cáucaso e em partes da Ásia Central. Quanto à Ucrânia, precisamente em virtude da sua geografia, história e língua, ela sempre terá mais importância para Moscou do que para Washington, portanto a sua independência continua sendo uma questão crítica entre as grandes potências. O nacionalismo na antiga União Soviética ajudou a produzir Vladimir Putin, um adversário mais ressentido do Ocidente do que jamais foi Mikhail Gorbachov, o último primeiro-ministro soviético. As palavras de Bush de fato não se adequaram ao clima do momento, porém sua cautela intrínseca e sua advertência contra uma época de nacionalismo suicida por trás da Guerra Fria demonstraram grande sabedoria, considerando as ações posteriores de Putin. Safire, por sua vez, iria se tornar um destacado defensor da Guerra do Iraque.

Desde a Guerra do Golfo de 1991, com Bush pai como chefe das Forças Armadas, nós tivemos (com exceção dos Bálcãs) uma sequência de aventuras militares grotescas. As intervenções nos Bálcãs vieram depois do fim da Guerra Fria, mas antes dos ataques de 11 de setembro e antes que a China começasse a formar uma grande marinha — levando-nos a voltar nossa atenção firmemente para o Pacífico. Os Estados Unidos enviaram tropas para os Bálcãs com propósito sobretudo humanitário e se deram ao luxo de fazê-lo porque não havia competidor estratégico óbvio no horizonte, na ocasião. Os Bálcãs não são, portanto, um guia particularmente bom para as escolhas difíceis sobre guerra e paz que podemos enfrentar em breve.

O Afeganistão e o Iraque são mais importantes. Nós vivemos na sombra desses fracassos até que outra coisa aconteça e os substitua como obsessão e marco de caminho. E outra coisa acontecerá, para a qual as lições do Afeganistão e do Iraque talvez não se mostrem de todo úteis. A história raramente se repete e em geral nem mesmo rima, apesar da fala que com frequência se atribui equivocadamente a Mark Twain. De mais a mais, é comum aprender uma lição à exaustão. A culpa pela vasta carnificina da Primeira Guerra Mundial favoreceu uma atmosfera de abatimento e conciliação na Grã-Bretanha justo quando a Alemanha nazista começava a sua escalada pelo poder. Ninguém na Inglaterra queria repetir a Primeira Guerra Mundial, assim como agora ninguém quer repetir Afeganistão e Iraque e assim como ninguém quis repetir o Vietnã até o final do século XX. No entanto, os vilões não são todos Hitler e os anos não são todos 1939. Decisões são difíceis por natureza, e nós enfrentaremos decisões extremamente difíceis sem uma analogia histórica perfeita na qual nos apoiar.

Esse será o caso especialmente numa nova era de grande rivalidade entre potências, devido ao modo como estão entrelaçados os mercados financeiros globais, a transferência de vastos recursos de hidrocarbonetos e o acúmulo de terríveis armamentos de precisão e recursos cibernéticos. Nunca antes pensar tragicamente — e empregar o medo sem ser imobilizado por ele — foi tão necessário. Não devemos permitir que a paixão distorça a análise, ainda que as redes sociais façam exatamente isso.

Nessa tentativa, os clássicos literários serão, em última análise, guias mais firmes e mais úteis do que qualquer metodologia de ciência social para aqueles que não tiveram experiência pessoal com a guerra e a morte.

AGRADECIMENTOS

MINHA INSPIRAÇÃO GERAL VEIO DO FALECIDO CHARLES HILL, DE Yale, a cuja mente eclética eu fui exposto em diversos jantares ao longo de décadas na casa de campo de Henry Kissinger, em Kent, Connecticut. O livro *Grand Strategies: Literature, Statecraft and World Order* (2010), de Charlie, forneceu-me uma orientação precisa enquanto eu escrevia. Na verdade foi Paul Lettow, um colega de Washington, quem sugeriu pela primeira vez que eu escrevesse um livro em torno de uma frase que eu empregava de tempos em tempos em meus ensaios: *pensar tragicamente evita a tragédia*. Elbridge Colby, estrategista militar e ex-funcionário do Pentágono, aprovou a ideia. Adam Klein, ex-funcionário do Supremo Tribunal dos Estados Unidos, leu o livro em seus estágios iniciais e fez vários comentários eficazes a respeito da sua lógica. Jim Thomas e Andrew Krepinevich, ambos importantes analistas de políticas de defesa, foram bons e sábios amigos durante um período difícil para mim. Sou grato também a Carol "Rollie" Flynn, do Instituto de Pesquisas de Política Externa, e a Richard Fontaine, do CNAS (*Center for a New American Security*), organização voltada para políticas de defesa e segurança; essas organizações deram-me suporte no período em que escrevi este livro.

Henry Thayer, meu agente literário, apresentou este livro a William Frucht, da Yale University Press, o qual se mostrou um editor excepcional que combina sensibilidade literária, percepção organizacional e tino analítico. Elizabeth M. Lockyer, minha assistente, lidou com as permissões, que, às vezes, exigem um trabalho de detetive prodigioso. De Maria Cabral, minha esposa de quatro décadas, tive todo o amor e compreensão.

Por fim, agradeço aos editores do *The New Criterion*, que publicaram uma versão mais antiga de uma parte do Capítulo 1: D. KAPLAN, Robert. "A Sensibilidade Trágica", *The New Criterion*, maio de 2017.

NOTAS

PREFÁCIO

1 — HOURANI, Albert. *A History of the Arab Peoples*. Harvard University Press: Cambridge, Massachussets, 1991 e 2002, p. 144.

CAPÍTULO 1. A BATALHA DO BEM CONTRA O BEM

1 — BLOOM, Harold. *Shakespeare: The Invention of the Human*. Nova York: Riverhead Books, 1998, p. 388-89 e 404.
2 — ROSENBERG, John D. Introduction. *In:* CARLYLE, Thomas. *The French Revolution: A History*. Nova York: The Modern Library, [1837] 2002, p. XVIII.
3 — HERÓDOTO. *The History*. Chicago: University of Chicago Press, 1987, 9:16.
4 — SELINCOURT, Aubrey de. *The World of Herodotus*. Boston: Little, Brown, 1962, p. 57.
5 — SCHOPENHAUER, Arthur. *Essays and Aphorisms*. New York: Penguin Books, [1851] 1970 e 2004, p. 164.
6 — BOWRA, Maurice. *Sophoclean Tragedy*. Oxford, Reino Unido: The Clarendon Press, [1944] 1965, p. 175-76.
7 — NIETZSCHE, Friedrich. *The Birth of Tragedy*. New York: Oxford University Press, [1872] 2000, p. 44.
8 — LUCAS, F. L. *Greek Tragedy and Comedy*. New York: The Viking Press, [1954] 1968, p. 6-7. HEGEL, Georg Wilhelm Friedrich. *On Tragedy*. New York: Harper TorchBooks, [1835] 1962, p. 99-100.
9 — HEGEL, Georg Wilhelm Friedrich. *On Tragedy*. T. M. Knox (trad.). [s.n.]:[s.l.]: [1820] 1942, p. 237.
10 — De certa forma, isso é uma simplificação. Albert Camus escreve que depois dos gregos a segunda expansão da tragédia ocorreu não somente com Shakespeare, mas, de modo um pouco mais geral, com os países que fazem fronteira com os limites da Europa, para incluir o teatro elizabetano, bem como o teatro espanhol da Idade do Ouro e a tragédia

francesa do século XVII, que eram todos quase contemporâneos. CAMUS, Albert. On the Future of Tragedy. *In*: CAMUS, Albert. *Lyrical and Critical Essays*. New York: Vintage, 1968, p. 296.

11 — SCHOPENHAUER, Arthur. *Essays and Aphorisms*. New York: Penguin Books, [1851] 1970 e 2004, p. 41.

12 — HAMILTON, Edith. *The Greek Way*. New York: Norton, [1930] 1993, p. 138-41. LUCAS, F. L. *Greek Tragedy and Comedy*. New York: The Viking Press, [1954] 1968, p. 30.

13 — LUCAS, F. L. *Greek Tragedy and Comedy*. New York: The Viking Press, [1954] 1968, p. 4.

14 — CAMUS, Albert. *The Myth of Sisyphus and Other Essays*. New York: Vintage, [1955] 1991, p. 93.

15 — MORGENTHAU, Hans. *Politics Among Nations: The Struggle for Power and Peace*. New York: McGraw Hill, [1948] 2006, p. 3.

16 — HAMILTON, Edith. *The Greek Way*. New York: Norton, [1930] 1993, p. 138-41. LUCAS, F. L. *Greek Tragedy and Comedy*. New York: The Viking Press, [1954] 1968, p. 147.

17 — HAMILTON, Alexander; JAY, John; MADISON, James. McLean (ed.) *The Federalist*, [s.l.]:[s.n.], 1788.

18 — LUCAS, F. L. *Greek Tragedy and Comedy*. New York: The Viking Press, [1954] 1968, p. 4-5. NIETZSCHE, Friedrich. *The Birth of Tragedy*. New York: Oxford University Press, [1872] 2000, p. 51.

19 — KAPLAN, Robert D. *Warrior Politics: Why Leadership Demands a Pagan Ethos*. New York: Random House, 2002, p. 18.

20 — SEGAL, Charles. *Tragedy and Civilization: An interpretation of Sophocles*. Norman: University of Oklahoma Press, [1981] 1999, p. 42.

21 — ROSENBERG, John D. Introduction. *In:* CARLYLE, Thomas. *The French Revolution: A History*. Nova York: The Modern Library, [1837] 2002, p. XIX.

22 — CANTOR, Paul A. Tragedy vs. Tyranny, *Wall Street Journal*, 11-12 de Fevereiro, 2017, p. C7.

23 — UNAMUNO, Miguel de. *Tragic Sense of Life*. New York: SophiaOmni, [1912] 2014, p. 89. FLAUBERT, Gustave. *Correspondance, troisième série (1854—1869)*. Paris: [s.n.], 1910.

24 — MITCHELL, Leslie. *Maurice Bowra: A Life*. New York: Oxford University Press, 2009, p. 33, 37-38 e 209.

25 — BOWRA, Maurice. *Sophoclean Tragedy*. Oxford, Reino Unido: The Clarendon Press, [1944] 1965, p. 358-60 e 367.

26 — BRADLEY, A. C. Hegel's Theory of Tragedy. *In*: HEGEL, Georg Wilhelm Friedrich. *On Tragedy*. Paolucci (ed.). [s.l.]:[s.n.], 1950, p. 369.

CAPÍTULO 2. A ERA DE DIONÍSIO

1 — TANNER, Tony. Introduction. *In*: SHAKESPEARE, William. *Tragedies, Volume 2*. New York: Everyman's Library, 1993, p. CX—CXI.

2 — SEGAL, Charles. *Tragedy and Civilization: An interpretation of Sophocles*. Norman: University of Oklahoma Press, [1981] 1999, p. 43 e 206.

3 — CONRAD, o Polaco, detestava intensamente o russismo de Dostoiévski, particularmente o que é demonstrado em *Crime e Castigo*. E *Sob os Olhos do Ocidente* foi concebido em

parte como uma resposta ao romance de Dostoiévski. Mas eu considero tudo isso um tanto irônico, tendo em vista as sensibilidades similares e dominantes em ambas as obras.

4 — NIETZSCHE, Friedrich. *The Birth of Tragedy*. New York: Oxford University Press, [1872] 2000, p. 51. RUTHERFORD, Richard. Introduction. *In*: EURIPIDES. *The Bacchae and Other Plays*. John Davie (trad.). New York: Penguin Books, 2005, p. VIII e X.

5 — SHAKESPEARE, William. The Tragedy of Hamlet, Prince of Denmark. *In:* SHAKESPEARE, William. *Tragedies, Volume 2*. New York: Everyman's Library, 1993, Ato 5, Cena 2, linhas 403 e 422-27.

6 — TANNER, Tony. Introduction. *In*: SHAKESPEARE, William. *Tragedies, Volume 2*. New York: Everyman's Library, 1993, p.XV.

7 — SEGAL, Charles. *Tragedy and Civilization: An interpretation of Sophocles*. Norman: University of Oklahoma Press, [1981] 1999, p. 2 e 42.

8 — NIETZSCHE, Friedrich. *The Birth of Tragedy*. New York: Oxford University Press, [1872] 2000, p. 19 e 22-23.

9 — CROALLY, N. T. *Euripidean Polemic: The Trojan Women and the Function of Tragedy*. New York: Cambridge University Press, 1994, p. 69 e 257-58.

10 — RUTHERFORD, Richard. Introduction. *In*: EURIPIDES. *The Bacchae and Other Plays*. John Davie (trad.). New York: Penguin Books, 2005, pp. XXVII—XXVIII e XXXII.

11 — LUCAS, F. L. *Greek Tragedy and Comedy*. New York: The Viking Press, [1954] 1968, p. 298.

12 — EURÍPIDES. THE TROJAN WOMEN. *IN*: LUCAS, F. L. *Greek Drama for Everyman*. Londres: J. M. Dent, 1954, linhas 1136-1138; reeditado como LUCAS, F. L. *Greek Tragedy and Comedy*. Nova York: Viking/Compass, 1973.

13 — RUTHERFORD, Richard. Introduction. *In*: EURÍPIDES. *The Bacchae and Other Plays*. John Davie (trad.). New York: Penguin Books, 2005, p. 122.

14 — Em *A Mais Longa Jornada*, de E. M. Forster, um diretor de escola se depara com o poder dionisíaco e se horroriza. Ele aprovava uma pequena agressividade saudável, mas isso era pura brutalidade. O que havia acontecido com os seus garotos? Eles não eram filhos de cavalheiros? Ele não aceitaria que reunir os seres humanos antes que eles pudessem compreender uns aos outros acabasse deixando o grande deus Pan zangado e disposto a ignorar os seus preceitos, e os levasse à loucura. FORSTER, E. M. *The Longest Journey*. Middlesex, Inglaterra: Penguin Books, [1907] 1975, p. 189.

15 — LUCAS, F. L. *Greek Tragedy and Comedy*. New York: The Viking Press, [1954] 1968, p. 235.

16 — GRAVES, Robert. *The Greek Myths: Volume One*. New York: Penguin Books, [1955] 1981, p. 104-105. HAMILTON, Edith. *Mythology: Timeless Tales of Gods and Heroes*. Boston: Little, Brown, [1942] 2011, p. 65, e 67, 68. RUTHERFORD, Richard. Introduction. *In*: EURIPIDES. *The Bacchae and Other Plays*. John Davie (trad.). New York: Penguin Books, 2005, p. XXXIX.

17 — EURÍPIDES. THE BACCHAE. *IN*: LUCAS, F. L. *Greek Drama for Everyman*. Londres: J. M. Dent, 1954; reeditado como LUCAS, F. L. *Greek Tragedy and Comedy*. Nova York: Viking/Compass, 1973, linhas 17-20 e 40-41.

18 — EURÍPIDES. THE BACCHAE. *IN*: LUCAS, F. L. *Greek Drama for Everyman*. Londres: J. M. Dent, 1954; reeditado como LUCAS, F. L. *Greek Tragedy and Comedy*. Nova York: Viking/Compass, 1973, linhas 281-285.

19 — EURÍPIDES. THE BACCHAE. *IN*: LUCAS, F. L. *Greek Drama for Everyman*. Londres: J. M. Dent, 1954; reeditado como LUCAS, F. L. *Greek Tragedy and Comedy*. Nova York: Viking/Compass, 1973, linhas 1122-1127.

20 — EURÍPIDES. THE BACCHAE. *IN*: LUCAS, F. L. *Greek Drama for Everyman*. Londres: J. M. Dent, 1954; reeditado como LUCAS, F. L. *Greek Tragedy and Comedy*. Nova York: Viking/Compass, 1973, linhas 1249-1250.

21 — EURÍPIDES. THE BACCHAE. *IN*: LUCAS, F. L. *Greek Drama for Everyman*. Londres: J. M. Dent, 1954; reeditado como LUCAS, F. L. *Greek Tragedy and Comedy*. Nova York: Viking/Compass, 1973, linhas 300-314.

22 — EURÍPIDES. THE BACCHAE. *IN*: LUCAS, F. L. *Greek Drama for Everyman*. Londres: J. M. Dent, 1954; reeditado como LUCAS, F. L. *Greek Tragedy and Comedy*. Nova York: Viking/Compass, 1973, linha 1390.

23 — GHOSH, Amitav. *The Great Derangement: Climate Change and the Unthinkable*. Chicago: University of Chicago Press, 2016, p. 21-22 e 35-36.

24 — JAMES, Henry. *The Princess Casamassima*. New York: Penguin Books, [1886] 1987, p. 330 e 583.

25 — DOSTOIÉVSKI, Fiódor. *Demons*. New York: Vintage, [1872] 1994, p. 251.

26 — STEINER, George. *Tolstoy or Dostoevsky: An Essay in the Old Criticism*. New Haven, Connecticut: Yale University Press, 1959 e 1996, p. 40, 188-189 e 209.

CAPÍTULO 3. ORDEM: A SUPREMA NECESSIDADE

1 — SEAFORD, Richard. Introduction. *In*: ÉSQUILO. *The Oresteia: Agamemnon, Choephoroe, Eumenides*. New York: Everyman's Library, 2004, p. XIII.

2 — SEAFORD, Richard. Introduction. *In*: ÉSQUILO. *The Oresteia: Agamemnon, Choephoroe, Eumenides*. New York: Everyman's Library, 2004, p. XIII.

3 — SEGAL, Charles. *Tragedy and Civilization: An interpretation of Sophocles*. Norman: University of Oklahoma Press, [1981] 1999, p. 30.

4 — FREUD, Sigmund. *Civilization and Its Discontents*. Garden City, Nova York: Doubleday, 1930, p. 61-62.

5 — O teólogo medieval Abu Hamid Ghazali disse quase a mesma coisa numa frase memorável.

6 — CAMUS, Albert. *The Rebel: An Essay on Man in Revolt*. New York: Vintage International, [1951] 1991, p. 21.

7 — TANNER, Tony. Introduction. *In*: SHAKESPEARE, William. *Tragedies, Volume 2*. New York: Everyman's Library, 1993, p. XLV.

8 — LUCAS, F. L. *Greek Tragedy and Comedy*. New York: The Viking Press, [1954] 1968, p. 17.

9 — RUTHERFORD, Richard. Introduction. *In*: EURIPIDES. *The Bacchae and Other Plays*. John Davie (trad.). New York: Penguin Books, 2005, p. XV.

10 — LUCAS, F. L. *Greek Tragedy and Comedy*. New York: The Viking Press, [1954] 1968, p. 109. ÉSQUILO. *The Oresteia: Agamemnon, Choephoroe, Eumenides*. New York: Everyman's Library, 2004, p. 91, linhas 1046-1048.

11 — BLOOM, Harold. *Shakespeare: The Invention of the Human*. Nova York: Riverhead Books, 1998, p. 77-78.

12 — SHAKESPEARE, William. Titus Andronicus. *In*: SHAKESPEARE, William. *Tragedies, Volume 2*. New York: Everyman's Library, 1993, Ato 1, cena 1, linha 55.

13 — CONRAD, Joseph. *Under Western Eyes*. Garden City, Nova York: Doubleday, Page, and Company, 1924, nota do autor, p. X.
14 — STEINER, George. *The Death of Tragedy*. New Haven, Conn.: Yale University Press, [1961] 1980, p. 167.
15 — TROLLOPE, Anthony. *Phineas Finn*. New York: Everyman's Library, [1869] 2001, p. 174 e 258.
16 — CAMUS, Albert. *The Rebel: An Essay on Man in Revolt*. New York: Vintage International, [1951] 1991, p. 23 e 25.
17 — CAMUS, Albert. *Lyrical and Critical Essays*. Nova York: Vintage Books, 1968, p. 291-92.
18 — MELVILLE, Herman. Billy Budd, Sailor (An Inside Narrative). *In*: MELVILLE, Herman. *Billy Budd, Sailor and Other Stories*. New York: Penguin Books, [1924] 1986, p. 350, 352, 361 e 364.
19 — MELVILLE, Herman. Billy Budd, Sailor (An Inside Narrative). *In*: MELVILLE, Herman. *Billy Budd, Sailor and Other Stories*. New York: Penguin Books, [1924] 1986, p. 361-362.
20 — CAMUS, Albert. *Lyrical and Critical Essays*. New York: Vintage Books, 1968, p. 301-2.

CAPÍTULO 4. ORDEM E OBRIGAÇÃO DEVEM SER CUMPRIDAS, MESMO QUANDO SÃO INJUSTAS

1 — NIETZSCHE, Friedrich. *The Birth of Tragedy*. New York: Oxford University Press, [1872] 2000, p. VII, 60 e 111.
2 — HEGEL, Georg Wilhelm Friedrich. *On Tragedy*. Paolucci (ed.). [s.l.]:[s.n.], 1950, p. 47, 325 e 369. ÉSQUILO. Agamemnon. *In*: LUCAS, F. L. *Greek Drama for Everyman*. Londres: J. M. Dent, 1954; reeditado como LUCAS, F. L. *Greek Tragedy and Comedy*. Nova York: Viking/Compass, 1973, linha 218. SHAKESPEARE, William. The Tragedy of King Lear. *In*: *In*: SHAKESPEARE, William. *Tragedies, Volume 2*. New York: Everyman's Library, 1993, Ato 4, cena 3, linhas 37-38.
3 — BOWRA, Maurice. *Sophoclean Tragedy*. Oxford, Reino Unido: The Clarendon Press, [1944] 1965, p. 209.
4 — BOWRA, Maurice. *Sophoclean Tragedy*. Oxford, Reino Unido: The Clarendon Press, [1944] 1965, p. 61, 366 e 374.
5 — SCHOPENHAUER, Arthur. *Essays and Aphorisms*. New York: Penguin Books, [1851] 1970 e 2004, p. 168.

CAPÍTULO 5. A ORDEM GERA CONFLITO PERPÉTUO ENTRE LEALDADE À FAMÍLIA E LEALDADE AO ESTADO

1 — WILLS, Garry. *Saint Augustine*. New York: Viking, 1999, p. 119. GELLNER, Ernest. *Muslim Society*. New York: Cambridge University Press, 1981, pp. 20, 24-26 e 33.
2 — HEGEL, Georg Wilhelm Friedrich. *The Philosophy of Fine Art*. Londres: Osmaton, 1920, p. 324.
3 — CANTOR, Paul. SHAKESPEARE*'s Roman Trilogy: The Twilight of the Ancient World*. Chicago: University of Chicago Press, 2017, p. 84.

4 — BOWRA, Maurice. *Sophoclean Tragedy*. Oxford, Reino Unido: The Clarendon Press, [1944] 1965, p. 64.
5 — SÓFOCLES. ANTIGONE. *IN*: LUCAS, F. L. *Greek Drama for Everyman*. Londres: J. M. Dent, 1954; reeditado como LUCAS, F. L. *Greek Tragedy and Comedy*. Nova York: Viking/Compass, 1973, linhas 672-678.
6 — SÓFOCLES. ANTIGONE. *IN*: LUCAS, F. L. *Greek Drama for Everyman*. Londres: J. M. Dent, 1954; reeditado como LUCAS, F. L. *Greek Tragedy and Comedy*. Nova York: Viking/Compass, 1973, linhas 929-930.
7 — BOWRA, Maurice. *Sophoclean Tragedy*. Oxford, Reino Unido: The Clarendon Press, [1944] 1965, p. 99.
8 — SEGAL, Charles. *Tragedy and Civilization: An interpretation of Sophocles*. Norman: University of Oklahoma Press, [1981] 1999, p. 186 e 190.
9 — EURÍPIDES. Iphigenia at Aulis. *In*: EURÍPIDES. *The Bacchae and Other Plays*. John Davie (trad.). New York: Penguin Books, 2005, linhas 397-401.
10 — EURÍPIDES. Iphigenia at Aulis. *In*: EURÍPIDES. *The Bacchae and Other Plays*. John Davie (trad.). New York: Penguin Books, 2005, linhas 1258-69.
11 — EURÍPIDES. Iphigenia at Aulis. *In*: EURÍPIDES. *The Bacchae and Other Plays*. John Davie (trad.). New York: Penguin Books, 2005, linha 1353.
12 — EURÍPIDES. Iphigenia at Aulis. *In*: EURÍPIDES. *The Bacchae and Other Plays*. John Davie (trad.). New York: Penguin Books, 2005, linha 1364.
13 — EURÍPIDES. Iphigenia at Aulis. *In*: EURÍPIDES. *The Bacchae and Other Plays*. John Davie (trad.). New York: Penguin Books, 2005, linhas 1374-91.
14 — SHAKESPEARE, William. Coriolanus. *In*: SHAKESPEARE, William. *Tragedies, Volume 2*. New York: Everyman's Library, 1993, Ato 1, cena 3, linhas 3-4.
15 — SHAKESPEARE, William. Coriolanus. *In*: SHAKESPEARE, William. *Tragedies, Volume 2*. New York: Everyman's Library, 1993, Ato 1, cena 3, linhas 25-27.
16 — CANTOR, Paul. *SHAKESPEARE's Roman Trilogy: The Twilight of the Ancient World*. Chicago: University of Chicago Press, 2017, p. 135. BLOOM, Harold. *SHAKESPEARE: The Invention of the Human*. Nova York: Riverhead Books, 1998, p. 580.

CAPÍTULO 6. O ESTADO SE CONVERTE EM FONTE DE AMBIÇÃO

1 — EURÍPIDES. Iphigenia at Aulis. *In*: EURÍPIDES. *The Bacchae and Other Plays*. John Davie (trad.). New York: Penguin Books, 2005, linhas 517-20.
2 — BOWRA, Maurice. *Sophoclean Tragedy*. Oxford, Reino Unido: The Clarendon Press, [1944] 1965, p. 374.
3 — SHAKESPEARE, William. The Tragedy of Julius Caesar. *In*: SHAKESPEARE, William. *Tragedies, Volume 2*. New York: Everyman's Library, 1993, Ato 2, cena 1, linhas 21-26.
4 — SHAKESPEARE, William. The Tragedy of Julius Caesar. *In*: SHAKESPEARE, William. *Tragedies, Volume 2*. New York: Everyman's Library, 1993, Ato 1, cena 2, linhas 192-93.
5 — SHAKESPEARE, William. The Tragedy of Julius Caesar. *In*: SHAKESPEARE, William. *Tragedies, Volume 2*. New York: Everyman's Library, 1993, Ato 1, cena 2, linhas 142-145.
6 — SÓFOCLES. *Philoctetes*. New York: Oxford University Press, 2003, linhas 1165-1170.
7 — BLOOM, Harold. *SHAKESPEARE: The Invention of the Human*. Nova York: Riverhead Books, 1998, pp. XIX e 17.

8 — SHAKESPEARE, William. The Tragedy of Hamlet, Prince of Denmark. *In*: SHAKESPEARE, William. *Tragedies, Volume 2*. New York: Everyman's Library, 1993, Ato 3, cena 1, linhas 91-97.

9 — SHAKESPEARE, William. The Tragedy of Julius Caesar. *In*: SHAKESPEARE, William. *Tragedies, Volume 2*. New York: Everyman's Library, 1993, Ato 2, cena 1, linhas 66-72.

10 — SHAKESPEARE, William. The Tragedy of Macbeth. *In*: SHAKESPEARE, William. *Tragedies, Volume 2*. New York: Everyman's Library, 1993, Ato 1, cena 5, linhas 48-50.

11 — STEINER, George. *The Death of Tragedy*. New Haven, Conn.: Yale University Press, [1961] 1980, p. 128.

12 — SHAKESPEARE, William. The Tragedy of Julius Caesar. *In*: SHAKESPEARE, William. *Tragedies, Volume 2*. New York: Everyman's Library, 1993, Ato 3, cena 1, linhas 300-301.

CAPÍTULO 7. AMBIÇÃO E LUTA CONTRA A TIRANIA E A INJUSTIÇA

1 — ÉSQUILO. Prometheus Bound. *In*: LUCAS, F. L. *Greek Drama for Everyman*. Londres: J. M. Dent, 1954; reeditado como LUCAS, F. L. *Greek Tragedy and Comedy*. Nova York: Viking/Compass, 1973, linhas 105-108, 500, 611 e 1021.

2 — ÉSQUILO. Prometheus Bound. *In*: LUCAS, F. L. *Greek Drama for Everyman*. Londres: J. M. Dent, 1954; reeditado como LUCAS, F. L. *Greek Tragedy and Comedy*. Nova York: Viking/Compass, 1973, linhas 406-408.

3 — HAMILTON, Edith. *Mythology: Timeless Tales of Gods and Heroes*. Boston: Little, Brown, [1942] 2011, p. 92-93.

4 — CAMUS, Albert. *The Rebel: An Essay on Man in Revolt*. New York: Vintage International, [1951] 1991, p. 240.

5 — BROWNING, Robert. *Pauline: A Fragmento of a Confession*. [s.l.]:[s.n.], 1833.

6 — STRAUSS, Leo. *On Tyranny: Including the Strauss—Kojève Correspondence*. Chicago: University of Chicago Press, 1961, p. 45. Strauss faz referência ao diálogo de Xenofonte entre Hiero, tirano de Siracusa, e Simônides, um sábio poeta.

7 — SÓFOCLES. *Antigone*. David Grene (trad.). [s.n.]:[s.l.], linhas 393-395.

8 — SHAKESPEARE, William. Hamlet. *In*: SHAKESPEARE, William. *Tragedies, Volume 2*. New York: Everyman's Library, 1993, Ato 5, cena 1, linhas 77-78 e 216-219.

9 — SCHOPENHAUER, Arthur. *Essays and Aphorisms*. New York: Penguin Books, [1851] 1970 e 2004, p. 42.

CAPÍTULO 8. OS HORRORES DA GUERRA

1 — ÉSQUILO. Agamemnon. *In*: LUCAS, F. L. *Greek Drama for Everyman*. Londres: J. M. Dent, 1954; reeditado como LUCAS, F. L. *Greek Tragedy and Comedy*. Nova York: Viking/Compass, 1973, linhas 556-561.

2 — SHAKESPEARE, William. Henry IV, Parte 1. *In*: SHAKESPEARE, William. *Tragedies, Volume 2*. New York: Everyman's Library, 1993, Ato 5, cena 1, linhas 131-37.

3 — LUCAS, F. L. *Greek Tragedy and Comedy*. New York: The Viking Press, [1954] 1968, p. 236.

4 — LUCAS, F. L. *Greek Tragedy and Comedy*. New York: The Viking Press, [1954] 1968, p. 294-295.
5 — EURÍPIDES. *Trojan Women*. New York: Oxford University Press, 2009, linhas 209-216.
6 — EURÍPIDES. *Trojan Women*. New York: Oxford University Press, 2009, linhas 431-39 e linha 464.
7 — EURÍPIDES. *Trojan Women*. New York: Oxford University Press, 2009, linhas 427-28.
8 — EURÍPIDES. *Trojan Women*. New York: Oxford University Press, 2009, linhas 877-78.
9 — EURÍPIDES. *Trojan Women*. New York: Oxford University Press, 2009, linhas 1472-73.
10 — EURÍPIDES. *Trojan Women*. New York: Oxford University Press, 2009, linha 1575.
11 — ELIOT, T. S. *Selected Essays*. Londres: Faber and Faber, 1932, p. 131.

CAPÍTULO 9. A AMEAÇA DE GUERRA SEMPRE RONDA, POR ISSO O FARDO DO PODER É ESMAGADOR

1 — SHAKESPEARE, William. The Tragedy of Julius Caesar. *In*: SHAKESPEARE, William. *Tragedies, Volume 2*. New York: Everyman's Library, 1993, Ato 2, cena 2, linhas 32-33.
2 — ÉSQUILO. Choephoros. *In*: LUCAS, F. L. *Greek Drama for Everyman*. Londres: J. M. Dent, 1954; reeditado como LUCAS, F. L. *Greek Tragedy and Comedy*. Nova York: Viking/Compass, 1973, linha 901.
3 — EURÍPIDES. Iphigenia at Aulis. *In*: EURÍPIDES. *The Bacchae and Other Plays*. John Davie (trad.). New York: Penguin Books, 2005, linhas 680-81.
4 — EURÍPIDES. Iphigenia at Aulis. *In*: EURÍPIDES. *The Bacchae and Other Plays*. John Davie (trad.). New York: Penguin Books, 2005, linhas 447-48.
5 — BLOOM, Harold. SHAKESPEARE: *The Invention of the Human*. Nova York: Riverhead Books, 1998, p. 249-50 e 263.
6 — SHAKESPEARE, William. The Tragedy of King Lear. *In: In*: SHAKESPEARE, William. *Tragedies, Volume 2*. New York: Everyman's Library, 1993, Ato 1, cena 1, linhas 339-40.
7 — ÉSQUILO. *Persians*. New York: Oxford University Press, 1981, p. 9.
8 — HERINGTON, Introduction. *In*: ÉSQUILO. *Persians*. New York: Oxford University Press, 1981, p. 26.
9 — ÉSQUILO. *Persians*. New York: Oxford University Press, 1981, linhas 81-83.
10 — ÉSQUILO. *Persians*. New York: Oxford University Press, 1981, linha 126.
11 — ÉSQUILO. *Persians*. New York: Oxford University Press, 1981, linhas 442-450.
12 — ÉSQUILO. *Persians*. New York: Oxford University Press, 1981, linhas 567-570.
13 — ÉSQUILO. *Persians*. New York: Oxford University Press, 1981, linhas 751 e 893.
14 — ÉSQUILO. *Persians*. New York: Oxford University Press, 1981, linha 900.
15 — ÉSQUILO. *Persians*. New York: Oxford University Press, 1981, 1054-1066.
16 — ÉSQUILO. *Persians*. New York: Oxford University Press, 1981, linhas 1357-1358.

CAPÍTULO 10. GUERRAS IMPERIAIS SÃO DECIDIDAS PELO DESTINO

1 — CANTOR, Paul. SHAKESPEARE'*s Roman Trilogy: The Twilight of the Ancient World*. Chicago: University of Chicago Press, 2017, p. 60-62 e 83.
2 — BLOOM, Harold. SHAKESPEARE: *The Invention of the Human*. Nova York: Riverhead Books, 1998, p. 556. TANNER, Tony. Introduction. *In*: SHAKESPEARE, William. *Tragedies*,

Volume 2. New York: Everyman's Library, 1993, p. LXXII. SHAKESPEARE, William. The Tragedy of Antony and Cleopatra. *In:* SHAKESPEARE, William. *Tragedies, Volume 2.* New York: Everyman's Library, 1993, Ato 1, cena 4, linha 10.

3 — CAVAFY, C. P. The God Abandons Antony *In: Collected Poems.* Princeton, N. J.: Princeton University Press, 1975, p. 32. Republicado com permissão da Universidade de Princeton; permissão transmitida através da Copyright Center Clearance, Inc.

4 — NIEBUHR, Reinhold. *The Irony of American History.* Chicago: University of Chicago Press, 1952, p. 74.

5 — SELINCOURT, Aubrey de. *The World of Herodotus.* Boston: Little, Brown, 1962, p. 57.

6 — STEINER, George. *Tolstoy or Dostoevsky: An Essay in the Old Criticism.* New Haven, Connecticut: Yale University Press, 1959 e 1996, p. 79.

7 — BOWRA, Maurice. *Sophoclean Tragedy.* Oxford, Reino Unido: The Clarendon Press, [1944] 1965, p. 305.

8 — BOWRA, Maurice. *Sophoclean Tragedy.* Oxford, Reino Unido: The Clarendon Press, [1944] 1965, p. 27.

9 — ÉSQUILO. Choephoros. *In:* LUCAS, F. L. *Greek Drama for Everyman.* Londres: J. M. Dent, 1954; reeditado como LUCAS, F. L. *Greek Tragedy and Comedy.* Nova York: Viking/Compass, 1973, linhas 305-307.

10 — LAMPEDUSA, Giuseppe Tomasi di. *The Leopard.* New York: Everyman's Library, [1958] 1998, p. 52, 132-135 e 164.

CAPÍTULO 11. A ESSÊNCIA DA TRAGÉDIA DERIVA DO SOFRIMENTO DOS HERÓIS

1 — BOWRA, Maurice. *Sophoclean Tragedy.* Oxford, Reino Unido: The Clarendon Press, [1944] 1965, p. 368.

2 — SEGAL, Charles. *Tragedy and Civilization: An interpretation of Sophocles.* Norman: University of Oklahoma Press, [1981] 1999, p. 207.

3 — SÓFOCLES. Oedipus at Colonus. *In:* LUCAS, F. L. *Greek Drama for Everyman.* Londres: J. M. Dent, 1954; reeditado como LUCAS, F. L. *Greek Tragedy and Comedy.* Nova York: Viking/Compass, 1973, linha 1620.

4 — SÓFOCLES. *Ajax.* New York: Oxford University Press, 1999, linha 178.

5 — SHAKESPEARE, William. Hamlet. *In:* SHAKESPEARE, William. *Tragedies, Volume 2.* New York: Everyman's Library, 1993, Ato 3, cena 2, linhas 234-36.

6 — SCHOPENHAUER, Arthur. *Essays and Aphorisms.* New York: Penguin Books, [1851] 1970 e 2004, p. 46-47 e 49.

7 — WORDSWORTH, William. *The Borderers.* [s.n.]:[s.l.], 1795-1797, linhas 1 e 5.

8 — SÓFOCLES. *OEDIPUS AT COLONUS.* DAVID GRENE (TRAD.). [*S.N.*]:[*S.L.*], linha 7.

9 — BRADLEY, A. C. Hegel's Theory of Tragedy. *In:* HEGEL, Georg Wilhelm Friedrich. *On Tragedy.* Paolucci (ed.). [s.l.]:[s.n.], 1950, p. 370.

10 — BLOOM, Harold. SHAKESPEARE*: The Invention of the Human.* Nova York: Riverhead Books, 1998, p. 587.

11 — TANNER, Tony. Introduction. *In:* SHAKESPEARE, William. *Tragedies, Volume 2.* New York: Everyman's Library, 1993, p. LXXVI.

12 — DOSTOIÉVSKI, Fiódor. *Crime and Punishment.* Richard Pevear e Larissa Volokhonsky (trad.), p. 549-50.

CAPÍTULO 12. SOMENTE O VELHO E O CEGO CONHECEM A VERDADE

1 — SÓFOCLES. Oedipus the King. *In*: LUCAS, F. L. *Greek Drama for Everyman*. Londres: J. M. Dent, 1954; reeditado como LUCAS, F. L. *Greek Tragedy and Comedy*. Nova York: Viking/Compass, 1973, linha 356.

2 — SEGAL, Charles. Introduction. *In*: SÓFOCLES. *The Theban Plays*. New York: Everyman's Library, 1994, p. XXIII.

3 — SOLZHENITSYN, Aleksandr. *November 1916: The Red Wheel/Knot ll*. New York: Farrar, Straus and Giroux, [1984] 1999, p. 337.

4 — BOWRA, Maurice. *Sophoclean Tragedy*. Oxford, Reino Unido: The Clarendon Press, [1944] 1965, p. 354.

5 — SÓFOCLES. Oedipus the King. *In*: LUCAS, F. L. *Greek Drama for Everyman*. Londres: J. M. Dent, 1954; reeditado como LUCAS, F. L. *Greek Tragedy and Comedy*. Nova York: Viking/Compass, 1973, linhas 1528-1530.

6 — SÓFOCLES. *Ajax*. New York: Oxford University Press, 1999, linhas 153-160.

7 — HERÓDOTO. *The History*, 9:16. Chicago: University of Chicago Press, 1987, 1:32.

8 — TRILLING, Lionel. A Speech on Robert Frost: A Cultural Episode *In*: TRILLING. *The Moral Obligation to Be Intelligent: Selected Essays*. Evanston, Illinois: Northwestern University Press, 2008, p. 380.

CAPÍTULO 13. PORQUE UM BEM COMBATE OUTRO BEM DIFERENTE, NÓS TEMOS CONSCIÊNCIA

1 — TANNER, Tony. Introduction. *In*: SHAKESPEARE, William. *Tragedies, Volume 2*. New York: Everyman's Library, 1993, p. X-XI.

2 — BLOOM, Harold. SHAKESPEARE: *The Invention of the Human*. Nova York: Riverhead Books, 1998, p. 404.

3 — SHAKESPEARE, William. The Tragedy of Othello, The Moor of Venice. *In*: SHAKESPEARE, William. *Tragedies, Volume 2*. New York: Everyman's Library, 1993, Ato 2, cena 3, linhas 371-382.

4 — BLOOM, Harold. SHAKESPEARE: *The Invention of the Human*. Nova York: Riverhead Books, 1998, p. 436 e 454.

5 — SHAKESPEARE, William. The Tragedy of Othello, The Moor of Venice. *In*: SHAKESPEARE, William. *Tragedies, Volume 2*. New York: Everyman's Library, 1993, Ato 2, cena 3, linhas 286-290.

6 — KISSINGER, Henry A. *A World Restored: Metternich, Castlereagh and the Problems of Peace, 1812-1822*. Boston: Houghton Mifflin, 1957, p. 5.

7 — SHAKESPEARE, William. King Lear. *In*: SHAKESPEARE, William. *Tragedies, Volume 2*. New York: Everyman's Library, 1993, Ato 5, cena 3, linhas 308-311.

CAPÍTULO 14. O TEMPO É INGRATO

1 — TANNER, Tony. Introduction. *In*: SHAKESPEARE, William. *Tragedies, Volume 2*. New York: Everyman's Library, 1993, p. CVI.

2 — SEGAL, Charles. *Tragedy and Civilization: An interpretation of Sophocles*. Norman: University of Oklahoma Press, [1981] 1999, p. 378.

3 — RACINE, Jean. *Phèdre*. New York: Farrar, Straus and Giroux, 1998, atos 1-7.
4 — SÓFOCLES. *Ajax*. New York: Oxford University Press, 1999, linhas 712-714 e 791.
5 — SÓFOCLES. *Ajax*. New York: Oxford University Press, 1999, linhas 1204 e 1209-1210.
6 — ÉSQUILO. *The Oresteia: Agamemnon, Choephoroe, Eumenides*. New York: Everyman's Library, 2004, linhas 1015-16 e 1018-19.
7 — SHAKESPEARE, William. The Tragedy of Antony and Cleopatra. *In*: SHAKESPEARE, William. *Tragedies, Volume 2*. New York: Everyman's Library, 1993, Ato 4, cena 15, linhas 77-78.
8 — CAMUS, Albert. Prometheus in the Underworld *In*: *Lyrical and Critical Essays*. Nova York: Vintage Books, 1968, p. 142.
9 — BROWN, Jonathan. *Velázquez: Painter and Courtier*. New Haven, Conn.: Yale University Press, 1986, pp. vii, 30, 74, 104, 146 e 203. HUGHES, Robert. *Goya*. Nova York: Knopf, 2003, p. 124.

EPÍLOGO

1 — SAFIRE, William. After the Fall, *New York Times*, 29 de agosto de 1991.

ASSINE NOSSA NEWSLETTER E RECEBA INFORMAÇÕES DE TODOS OS LANÇAMENTOS

www.faroeditorial.com.br